Alfabetização e letramento:
pontos e contrapontos

Dados Internacionais de Catalogação na Publicação (CIP)
(Câmara Brasileira do Livro, SP, Brasil)

Leite, Sérgio Antônio da Silva
  Alfabetização e letramento : pontos e contrapontos / Sérgio Antônio da Silva Leite , Silvia M. Gasparian Colello ; Valéria Amorim Arantes (org.). — São Paulo : Summus, 2010. — (Coleção pontos e contrapontos)

ISBN 978-85-323-0657-9

1. Alfabetização 2. Professores – Formação 3. Letramento I. Colello, Silvia M. Gasparian. II. Arantes, Valéria Amorim. III. Título. IV. Série.

10-01096                                                                 CDD-370.72

Índice para catálogo sistemático:

1. Alfabetização e letramento : Educação                                  370.72

Compre em lugar de fotocopiar.
Cada real que você dá por um livro recompensa seus autores
e os convida a produzir mais sobre o tema;
incentiva seus editores a encomendar, traduzir e publicar
outras obras sobre o assunto;
e paga aos livreiros por estocar e levar até você livros
para a sua informação e o seu entretenimento.
Cada real que você dá pela fotocópia não autorizada de um livro
financia um crime
e ajuda a matar a produção intelectual em todo o mundo.

# Alfabetização e letramento: pontos e contrapontos

Sérgio Antônio da Silva Leite
Silvia M. Gasparian Colello

Valéria Amorim Arantes
(org.)

*summus editorial*

*ALFABETIZAÇÃO E LETRAMENTO: PONTOS E CONTRAPONTOS*
Copyright © 2010 by Sérgio Antônio da Silva Leite,
Silvia M. Gasparian Colello e Valéria Amorim Arantes
Direitos desta edição reservados para Summus Editorial

Editora executiva: **Soraia Bini Cury**
Editoras assistentes: **Bibiana Leme e Andressa Bezerra**
Capa: **Ana Lima**
Projeto gráfico: **José Rodolfo de Seixas**
Diagramação: **Acqua Estúdio Gráfico**

**Summus Editorial**
Departamento editorial
Rua Itapicuru, 613 – 7º andar
05006-000 – São Paulo – SP
Fone: (11) 3872-3322
Fax: (11) 3872-7476
http://www.summus.com.br
e-mail: summus@summus.com.br

Atendimento ao consumidor
Summus Editorial
Fone: (11) 3865-9890

Vendas por atacado
Fone: (11) 3873-8638
Fax: (11) 3873-7085
e-mail: vendas@summus.com.br

Impresso no Brasil

# Sumário

**Apresentação** – *Valéria Amorim Arantes* .................... **7**

**PARTE I – Alfabetização e letramento** .................... **13**
*Sérgio Antônio da Silva Leite*
*Silvia M. Gasparian Colello*

**Alfabetização: em defesa da sistematização do trabalho pedagógico** – *Sérgio Antônio da Silva Leite*
Introdução .................................................................. 15
Para além do modelo tradicional ................................. 18
As contribuições das diversas áreas do conhecimento ............. 21
Um olhar específico para as contribuições da psicologia ........ 23
Um salto qualitativo no processo de alfabetização:
o conceito de letramento em nosso meio .................... 28
Um desafio recorrente: o processo de alfabetização
na perspectiva crítica .................................................. 35
A afetividade como dimensão básica no processo de
alfabetização escolar .................................................. 42
A organização coletiva na escola como condição para
o sucesso no processo de alfabetização ........................ 49
Em defesa da sistematização do trabalho pedagógico
do professor em sala de aula ...................................... 55
   O projeto de pesquisa ............................................ 58
   Objetivos e metodologia ......................................... 59

Programa e procedimentos .................................................. 60
Dados coletados .................................................................. 62
Resultados ........................................................................... 63
O que os dados revelam ................................................... 65
Uma palavra final ..................................................................... 69
Referências bibliográficas ....................................................... 71

**Alfabetização e letramento: o que será que será?**
– *Silvia M. Gasparian Colello*
Introdução ................................................................................ 75
O que ensinamos quando ensinamos a ler e a escrever? .......... 77
O sentido do processo alfabetizador ................................. 78
Letramento e alfabetização: méritos e riscos .................... 92
A escrita como objeto de ensino ...................................... 107
Ensinar e aprender a língua escrita ....................................... 109
Revisão de paradigmas e dimensões interferentes na
aprendizagem da escrita .................................................. 109
A escola como ambiente alfabetizador ............................ 115
Considerações finais: ler e escrever como práticas
transformadoras da escola .................................................... 121
Referências bibliográficas ..................................................... 125

**PARTE II – Pontuando e contrapondo** ......................... 129
*Sérgio Antônio da Silva Leite*
*Silvia M. Gasparian Colello*

**PARTE III – Entre pontos e contrapontos** .................... 183
*Sérgio Antônio da Silva Leite*
*Silvia M. Gasparian Colello*
*Valéria Amorim Arantes*

# Apresentação

*Valéria Amorim Arantes*[1]

> *"Minha liberdade é escrever.*
> *A palavra é o meu domínio sobre o mundo."*
> Clarice Lispector, 1964[2]

Ampliar a compreensão sobre a natureza complexa e multifacetada dos processos de alfabetização e letramento na contemporaneidade é o maior objetivo do livro que ora lhes apresento – *Alfabetização e letramento* –, o oitavo da coleção Pontos e Contrapontos. Além de apresentar conceitos, a obra analisa princípios pedagógicos e práticas escolares com profundidade, o que faz emergir questões polêmicas da maior relevância para aquele que ensina a ler e a escrever.

---

1. Docente da Faculdade de Educação da Universidade de São Paulo.
2. Lispector, C. *A paixão segundo G. H.* Rio de Janeiro: Rocco, 1964.

O tema é particularmente oportuno, não só em face da realidade brasileira – marcada por alarmantes índices de analfabetismo e baixo letramento – mas, sobretudo, em um momento em que os educadores, empenhados em lidar com as dificuldades de seus alunos ou com os limites das tradicionais práticas de ensino, buscam alternativas para construir uma escola de qualidade. Se, de um lado, as iniciativas de avaliação educacional apontam para o baixo desempenho das competências leitoras e escritoras da população em geral, e, particularmente, dos alunos em diferentes estágios da vida escolar, convocando todos os educadores ao ensino da língua escrita; de outro, os aportes teóricos que emergem dos trabalhos científicos desenvolvidos nos últimos anos trazem importantes contribuições nem sempre bem compreendidas e assimiladas pelo sistema escolar. Ao lado da convicção de que é preciso melhorar a qualidade do ensino em prol da alfabetização e do letramento, tornando-os eixos privilegiados das metas escolares, muitos educadores lidam com os dilemas e as incertezas da transposição didática. Por isso, mais do que nunca, a urgência de ensinar a ler e escrever justifica a necessidade de reflexão e do debate entre educadores. A presente obra é uma iniciativa nesta direção.

Seguindo a proposta editorial da coleção Pontos e Contrapontos, o livro é composto de três diferentes etapas. Na primeira, cada um dos autores discorre livremente sobre o tema que lhes foi solicitado, no caso, sobre os processos de *alfabetização e letramento*.

Para essa etapa, Sérgio Antônio da Silva Leite, professor e diretor da Faculdade de Educação da Universidade Estadual de Campinas, produziu um texto no qual faz, inicialmente, uma análise histórica do processo de alfabetização no Brasil. Na sequência, reconhecendo as contribuições de várias áreas do conhecimento – psicologia, psicolinguística, sociolinguística e linguística – para o processo de alfabetização escolar, o autor envereda pelo campo da psicologia (sua área de atuação), discorrendo especificamente sobre duas teorias: a construtivista (representada pelas contribuições de Emilia Ferreiro) e a histórico-cultural (representada por Lev Semenovich Vygotsky e Alexander Romanovich Luria). A partir daí, ele aborda os processos de letramento e alfabetização, instigando-nos a pensar e repensar vários aspectos que os compõem, em especial a dimensão afetiva, tema que estudou nos últimos dez anos. Com esse percurso, o autor prepara o terreno para os dois últimos itens abordados em seu texto, que são, para ele, fundamentais para o sucesso no processo de alfabetização: *a organização coletiva na escola* e a *sistematização do trabalho em sala de aula*. O texto é finalizado com a descrição de um projeto de intervenção e pesquisa orientado pelo autor, que teve como objetivo central planejar, desenvolver e avaliar um programa de alfabetização.

Silvia M. Gasparian Colello, professora da Faculdade de Educação da Universidade de São Paulo, optou, nessa primeira parte, por discorrer sobre vários aspectos presentes nos processos de alfabetização e letramento, com o objetivo claro de ampliar a compreensão sobre o ensino da língua escrita. Para tanto, dividiu seu texto em três momentos: no primeiro, intitulado "O que ensinamos quando ensinamos a ler e a escrever?", discorre sobre os conceitos de alfabetização e letramento, bem como sobre seus méritos e riscos; no segundo momento, intitulado "Ensinar e aprender a língua escrita", Silvia não só promove uma revisão de paradigmas e dimensões interferentes na aprendizagem da escrita, mas também analisa com rigor aqueles elementos essenciais para que a instituição escolar constitua um ambiente alfabetizador. Para concluir, sinalizando o caráter *tarefeiro, repetitivo* e *artificial* que o ensino da língua escrita pode ter, apresenta-nos as diretrizes básicas para a alfabetização no contexto do mundo letrado.

Na segunda etapa do trabalho – Pontuando e contrapondo –, cada um dos autores, depois da leitura e análise crítica do texto de seu parceiro de diálogo, formulou quatro questões contemplando suas eventuais discordâncias e/ou dúvidas. De posse de tais questões, cada autor pôde esclarecer, explicar, defender, demarcar, rever ou reestruturar suas ideias, com o objetivo de pontuar e/ou contrapor as colocações de seu interlocutor.

Nesse contexto, sugerindo que o conceito de letramento é amplamente reconhecido no Brasil, Sérgio indaga Silvia sobre a suposta atualidade da polêmica entre as posições teóricas defendidas pelas autoras Magda Becker Soares e Emilia Ferreiro (sobre a qual Silvia discorre em seu texto inicial), solicita-lhe que aprofunde a discussão sobre o complexo "esvaziamento do processo de alfabetização", interroga-lhe sobre os aspectos metodológicos da alfabetização e sobre as condições institucionais para a consecução de um projeto de alfabetização. Silvia, por sua vez, também retoma alguns pontos importantes tratados no texto inicial de Sérgio: a formação docente, o construtivismo (e suas desastrosas implantações), o trabalho de Emilia Ferreiro e as práticas pedagógicas, os princípios e funcionamento de um projeto de letramento.

Na terceira e última parte do livro, assumindo a qualidade de coordenadora da obra e mediadora do diálogo, formulei quatro questões comuns dirigidas aos dois autores. Com o objetivo de retomar e articular as perspectivas apresentadas por Sérgio e Silvia e, ao mesmo tempo, acrescentar novos elementos ao diálogo estabelecido, as referidas questões compõem, com as respectivas respostas, a terceira parte da obra – Entre pontos e contrapontos.

Na primeira questão, retomando a polêmica estabelecida sobre os conceitos de "alfabetização" e "letramento", incito Sérgio e Silvia a pensar nas implicações práticas de conceber a alfabetização e o letramento como processos de naturezas diferentes (como postula Magda Soares) ou como um processo único e indissociável (como postula Emilia Ferreiro). Na segunda questão, solicito--lhes que aprofundem a discussão sobre a sistematização do trabalho pedagógico desenvolvido pelo professor alfabetizador, levando em conta as particularidades e peculiaridades do processo de alfabetização de crianças e de jovens/adultos. Na terceira questão, peço a eles que discutam o "lugar" da educação a distância ou novas modalidades de formação (semipresencial ou não presencial) de professores alfabetizadores. Na quarta e última questão, retomando o tema da afetividade e a formação do leitor, solicito-lhes que apontem caminhos para a superação do dualismo, ainda hoje presente nas instituições escolares, entre a dimensão afetiva e a cognitiva existentes nos processos de alfabetização e letramento.

Por fim, cumpre-me justificar a razão pela qual recorro a Clarice Lispector na epígrafe desta apresentação. Para além das questões específicas tratadas neste livro, ela sinaliza a liberdade oferecida pela palavra àquele que sabe escrever e ler. Espero que o diálogo nele contido contribua, de alguma maneira, para que os educadores transformem o ensino da língua escrita em um efetivo processo de libertação humana.

# PARTE I
# Alfabetização e letramento

*Sérgio Antônio da Silva Leite*
*Silvia M. Gasparian Colello*

# Alfabetização: em defesa da sistematização do trabalho pedagógico

*Sérgio Antônio da Silva Leite*

## Introdução

A alfabetização escolar tem sido objeto de estudo constante, na minha vida acadêmica, desde os anos 1970. Mais precisamente desde 1973, quando, como professor e supervisor de Psicologia Escolar no curso de Psicologia da Universidade de Mogi das Cruzes (UMC), iniciei um intenso processo de trabalho com a rede estadual de ensino público, a princípio para atender à necessidade de estágio dos meus alunos da área. No entanto, essa relação foi tão envolvente que me possibilitou entrar em contato com os grandes problemas da rede de ensino, em especial a questão do fracasso escolar, assunto já bastante presente na literatura da época. Impressionou-me o fato de que a região de Mogi das Cruzes apresentava uma das maiores taxas de fracasso escolar – reprovação e evasão – nas primeiras séries do ensino de Primeiro Grau[1]. Os números giravam em torno de 46%.

Um dos resultados dessa aproximação entre a área de Psicologia Escolar da UMC e a rede de ensino foi o Projeto de Alfabetização da Zona Leste (Proleste)[2], implantado nas escolas da região pela extinta Divisão Regional de Ensino DRE-5-Leste, que mudou efetivamente a situação do fracasso escolar nas primeiras e segundas séries. O Projeto, abordado em minha tese de doutorado defendida em 1980[3] e divulgado em várias publicações (Leite, 1982, 1988), apresentava uma proposta pedagógica que, posteriormente, foi objeto de revisão, dado que grandes mudanças teóricas ocorreram na área da alfabetização, mudanças com as quais me identifiquei. Por outro lado, o Proleste apresentava um conjunto de procedimentos que garantia o trabalho coletivo de toda a equipe – coordenadores e professores – e que ainda considero atual.

Depois, como professor do Departamento de Psicologia Educacional da Faculdade de Educação da Unicamp, a partir de 1984, continuei orientando projetos sobre alfabetização escolar e minis-

---

1. Na época, ainda não havia o Ciclo Básico.
2. Participaram da equipe inicial de coordenação do Projeto, além do autor, as seguintes educadoras da rede de ensino público: Anna Cecília M. Bianchi, Durcilia Verreschi M. da Silva, Taka Harada, Sonia Brasil de Siqueira Andreucci e Helenita Marques. O professor Eulálio Gruppi era o diretor da DRE-5-Leste.
3. Fui orientado pela Dra. Carolina M. Bori, do Instituto de Psicologia da USP.

trando disciplinas na área para os alunos do curso de Pedagogia. Em 2001, coordenei a publicação de um livro que apresenta uma síntese das pesquisas realizadas pelas minhas orientandas na área da alfabetização (Leite, 2001). No capítulo inicial da obra, apresentei uma discussão sobre as principais questões que, na minha opinião, eram relevantes e deveriam ser compartilhadas com os educadores.

Com base em todo esse processo vivenciado nos últimos 35 anos, penso que acompanhei todos os principais movimentos ocorridos em nosso meio, de natureza pedagógica ou política, relacionados com a questão da alfabetização escolar. Infelizmente, considerando o desempenho da rede de ensino público no país – em especial no estado de São Paulo –, os resultados quantitativos não têm sido animadores, apesar do grande avanço teórico observado com relação ao tema da alfabetização.

Neste texto, optei por analisar os principais aspectos que vivenciei durante esse período, identificando as ideias que me afetaram como educador e pesquisador. Pretendo argumentar: que houve uma profunda mudança teórica na área, o que possibilitou a superação do modelo cartilhesco de alfabetização; que o trabalho pedagógico deve ser inspirado no conhecimento acumulado por diversas áreas; que o trabalho pedagógico deve estar vinculado à questão do letramento; que é possível desenvolver o processo de alfabetização numa perspectiva crítica; que a dimensão afetiva é um dos componentes fundamentais do processo de alfabetização escolar; que a organização coletiva do trabalho pedagógico é essencial para o sucesso do processo de alfabetização.

No entanto, a questão mais recente que pretendo incluir nesse rol é o reconhecimento da importância da sistematização do trabalho pedagógico desenvolvido pelo professor alfabetizador em sala de aula. Baseado em dados recentes, coletados por meio de um projeto de pesquisa desenvolvido em escola pública, pretendo defender que a sistematização é um aspecto a ser resgatado no trabalho pedagógico, o que não significa o retorno à cultura cartilhesca.

## Para além do modelo tradicional

É indiscutível que, a partir da década de 1980, houve uma profunda mudança nas concepções relacionadas com o processo de alfabetização escolar, tanto do ponto de vista teórico quanto do ponto de vista pedagógico. Tenho defendido a ideia de que a principal transformação ocorrida entre o chamado modelo tradicional de alfabetização – centrado na cartilha e dominante durante o século passado – e as propostas atuais refere-se às respectivas concepções de escrita subjacentes. No modelo tradicional, a escrita era entendida como uma representação da linguagem oral: para cada som emitido, haveria uma forma de representação gráfica produzida pela cultura. Neste sentido, ler e escrever eram entendidos como atos de codificação e decodificação.

A prática pedagógica de alfabetização, nessa perspectiva, apresentava invariavelmente as seguintes características: a) tinha como objetivo somente levar o aluno a dominar o código escrito; b) no mesmo sentido, a grande meta era evitar que o aluno errasse no uso do código, ou seja, enfatizava-se seu uso correto, sem erro, o que era motivo de reprovação dos alunos que, no final da primeira série, trocassem letras ao escrever as palavras; c) entende-se, pois, no modelo tradicional, o predomínio das atividades pedagógicas que visavam à memorização, como a cópia, presente na maioria das atividades de inúmeras cartilhas; d) trabalhava-se com a perspectiva de, numa primeira etapa, dar ao aluno o domínio do código e, na sequência de sua escolaridade, habilitá-lo a utilizar a linguagem escrita. Isso invariavelmente não ocorria, uma vez que a maior parte dos conteúdos, a partir da segunda série, era centrada na gramática normativa e não nas práticas relacionadas com os usos sociais da escrita.

Além disso, o modelo tradicional era marcado pelo conceito de prontidão para a alfabetização (Poppovic, 1968): acreditava-se que havia um momento ótimo para o início do processo de alfabetização, determinado basicamente pela maturação psiconeurológica. Segundo esse conceito, era necessário, no início, desenvolver as habilidades sensoriais, consideradas pré-requisitos para a aprendizagem da leitura e da escrita.

Obviamente, tal conceito prevaleceu em função da concepção de escrita dominante na época – escrita como código de representação da linguagem oral. Penso que o grande engano teórico, historicamente cometido com relação à prontidão, tenha sido mesmo o suposto caráter de pré-requisito atribuído às habilidades sensoriais: sem negar que tais funções sensoriais participam do processo de produção da escrita, o fato é que se passaram décadas até que se percebesse que essas habilidades sensoriais são desenvolvidas durante e por meio das próprias práticas com o uso da escrita. No entanto, a superação definitiva do conceito de prontidão ocorreu em virtude do reconhecimento de uma nova concepção de escrita.

A partir dos anos 1960, o modelo tradicional passou a ser duramente criticado. É interessante observar que essas críticas não eram originalmente de natureza pedagógica, como se poderia supor, mas estavam relacionadas com as mudanças sociais e econômicas observadas na sociedade capitalista. Foram os países economicamente avançados que primeiro previram, a partir da crise de produção no início dos anos 1970, um novo período de produção econômica centrado no desenvolvimento tecnológico e na melhoria da qualidade da mão de obra, o que passava pela questão da alfabetização – era necessário que as escolas desenvolvessem uma nova proposta pedagógica que possibilitasse aos indivíduos o uso funcional da escrita, e não somente o domínio do código. Surgiu, nos países de primeiro mundo, o conceito de analfabeto funcional – aquele indivíduo que permanece durante anos na escola, aprende o código mas não as habilidades que lhe permitam envolver-se com as práticas sociais de leitura e escrita, durante ou após a escolarização. Na prática, o analfabeto funcional assemelha-se ao analfabeto propriamente dito – sem escolarização –, pois ambos não utilizam as possibilidades do uso funcional da escrita para se inserir na sociedade.

Além disso, adiciona-se a esse quadro o fato de as sociedades ocidentais passarem, a partir da segunda metade do século XX, por um intenso processo de grafocentrização, ou seja, processo em que a escrita tornou-se gradativamente mais presente nas relações sociais, econômicas e culturais. Com isso, as chances de um indivíduo considerado analfabeto funcional inserir-se plenamente, de forma crítica e participativa, ficaram muito mais limitadas; reduziram-se as possibilidades do exercício pleno da cidadania.

Em nosso meio, a partir dos anos 1980, surgiram inúmeros trabalhos e pesquisas demonstrando a necessidade de novos modelos teórico-pedagógicos do processo de alfabetização escolar, direcionados às demandas de uma sociedade mais complexa e mais exigente no que se refere à formação dos cidadãos. Destacam-se autores como Soares (1985), Kramer (1986), Smolka (1988), Leite (1988) e Braggio (1992).

Parece ser consensual, para esses diversos autores, que a escrita não se restringe à função de representação da linguagem oral, mas passa a ser entendida como um sistema funcional, construído pela cultura, de natureza histórica e social. Ou seja, enfatiza-se o seu caráter simbólico, cuja essência reside no significado subjacente a ela, o qual é determinado histórica e culturalmente. Reconhece--se, pois, que a palavra escrita é relevante pelo seu significado, o qual é compartilhado pelos membros de uma sociedade. Isso não implica, porém, que o código deixa de ser considerado, pois é por meio dele que o significado é simbolizado.

Tais ideias provocaram sensíveis e rápidas mudanças nos referenciais teóricos utilizados no campo da alfabetização escolar e, em consequência, nas práticas pedagógicas desenvolvidas em sala de aula (embora, nestas, isso tenha ocorrido de forma mais lenta e gradual).

## As contribuições das diversas áreas do conhecimento

Em meados dos anos 1980, um texto de Soares (1985) sugeriu que a alfabetização é uma prática que depende da contribuição de várias áreas de conhecimento, embora não se reduza a elas. A autora já apontava para a importância das perspectivas psicológica, psicolinguística, sociolinguística e linguística.

Trata-se de um tema sempre relevante e em geral mal compreendido, com a produção de diferentes leituras, muitas marcadamente coorporativas e reducionistas. No entanto, é necessário reafirmar que, se de um lado a alfabetização depende do conhecimento produzido por essas diversas áreas citadas por Magda Soares, de outro, o processo de produção e desenvolvimento de propostas pedagógicas no interior da escola não deriva linearmente de uma única área de conhecimento nem de alguma teoria específica, como alguns educadores acreditam.

Venho defendendo, há anos, que a maioria das intervenções de um professor alfabetizador, no trabalho com os alunos, é de natureza político-ideológica, na medida em que reflete suas concepções de homem, de sociedade, de educação, de cidadania, de escrita e do próprio papel da alfabetização no processo de constituição dos cidadãos. Ou seja, não são decisões de natureza técnica ou científica. Isto, é óbvio, não exclui o papel das contribuições específicas das diversas áreas do conhecimento. Mas é necessário reconhecer que todo esse arcabouço de ideias, concepções e conhecimentos, no seu conjunto, deverá contribuir para a construção de propostas e projetos pedagógicos que devem ser elaborados, discutidos, acompanhados e avaliados pelo coletivo dos educadores no interior da escola.

Quero destacar as contribuições de duas áreas específicas, citadas pela referida autora. Com relação à linguística, são inestimáveis as contribuições de vários autores, como Cagliari (1989), Koch (1993), Possenti (1996), Lemle (1997), para o processo de alfabetização escolar. Eles nos possibilitaram, por exemplo, uma melhor compreensão da relação entre linguagem escrita e linguagem oral, identificando aspectos que são típicos da fala, em comparação com os da escrita. Também viabilizaram uma nova interpretação do fenômeno das *variações linguísticas*, que tantos problemas criaram para as crianças pobres, que apresentam um padrão de fala mais diferenciado em relação à norma culta, sendo, por isso, muitas vezes estigmatizadas no interior da própria escola. Permitiram um novo entendimento do conceito de texto, compreendido agora como um trecho, falado ou escrito, que constitui um todo unificado e coerente, em determinada situação discursiva (Lopes, 1991). Com isso, surgiu uma nova concepção de leitura e produção de texto, vistos como processos de construção de significados e sentidos. O trabalho dos autores também nos ajudou a compreender a importância das atividades epilinguísticas no processo de constituição de leitores e produtores de textos. Além dessas, várias outras importantes contribuições poderiam ser citadas.

## Um olhar específico para as contribuições da psicologia

A psicologia, como área do conhecimento, sempre contribuiu teoricamente com o processo de alfabetização escolar, inclusive com relação ao modelo tradicional. Pretendo, aqui, destacar duas teorias: a construtivista, representada pelas contribuições de Emilia Ferreiro (Ferreiro e Teberosky, 1986) e a histórico-cultural, representada pelos trabalhos de Vygotsky (1984) e Luria (1988).

Emilia Ferreiro desenvolveu uma longa pesquisa visando descrever o processo de elaboração conceitual, construído pela criança, desde os primeiros rabiscos até a elaboração das hipóteses relacionadas com a natureza alfabética da escrita. Baseada na teoria piagetiana, a autora defende que a criança constrói um sistema de representações por meio de uma progressão regular, até chegar a uma clara compreensão do caráter alfabético da escrita. Segundo Mendonça e Mendonça (2007), essa regularidade se expressa em três grandes momentos de diferenciação que a criança estabelece no que se refere à escrita: diferenciação das representações icônicas das não icônicas, por meio de letras, números e sinais; diferenciação entre variedade e quantidade de grafias, o que Emilia Ferreiro chama de eixos qualitativo e quantitativo, respectivamente; e o processo de fonetização das letras, cujo início a autora afirma coincidir com a fase silábica de representação da escrita. Fiel à teoria de Piaget, ela evidencia o papel do conflito cognitivo como mecanismo desencadeador do esforço cognitivo para a construção de hipóteses cada vez mais bem elaboradas.

Há que se registrar, inicialmente, o enorme impacto que a teoria construtivista teve na área da alfabetização escolar, em especial no Brasil, onde suas ideias encontraram um campo muito fértil para germinar, dado que a alfabetização caracterizava-se como um dos históricos gargalos nas primeiras séries do sistema educacional. Uma teoria como essa, que enfatiza o papel do aluno como sujeito do processo educacional, participando ativamente da construção do próprio conhecimento, logo foi interpretada como a grande solução para a alfabetização escolar.

É inegável que a teoria construtivista desempenhou um papel muito importante no processo de ressignificação das relações ensino-aprendizagem, de modo geral, e na alfabetização, em especial. Penso que a principal contribuição da teoria é a reformulação do papel do erro e a consequente revisão das práticas tradicionais de avaliação. Ao demonstrar que existe um processo contínuo e crescente de construção de hipóteses cada vez mais bem elaboradas por parte do sujeito, a teoria construtivista mostra que uma criança que apresenta, por exemplo, escrita pré-silábica, não deve ser avaliada tendo como referência a norma-padrão, mas sim seu padrão de escrita anterior – o que, inevitavelmente, comprovará que essa criança está avançando no seu processo de construção da escrita. Entendo que, só por essa contribuição, a teoria construtivista terá o seu merecido reconhecimento histórico.

No entanto, o trabalho de Emilia Ferreiro enfrentou uma série de problemas, principalmente após a fase de deslumbramento vivenciado, em especial pelas autoridades responsáveis pelos órgãos centrais das secretarias de educação. Sem entrar na discussão do conceito de desenvolvimento segundo a teoria psicogenética de Piaget, tarefa que foge ao nosso objetivo, os problemas derivados das diferentes leituras sobre a teoria construtivista e sua relação com a prática pedagógica merecem nossa análise. O mais relevante deles, sem dúvida, refere-se ao papel do professor, situado como um elemento facilitador, responsável pela organização de um ambiente também facilitador para as relações que devem ocorrer entre as crianças e a escrita. Como a teoria construtivista postula que o processo de produção do conhecimento é, teoricamente, centrado no sujeito – no caso, o aluno –, o professor ficou restrito a uma condição periférica no processo de ensino-aprendizagem. Essa leitura da teoria acabou produzindo inúmeros problemas de natureza pedagógica, chegando-se a negar a função de ensino por parte do professor, pois intervenções nesse sentido não respeitariam o processo de construção do conhecimento realizado pelo aluno.

As implicações da teoria construtivista na educação têm sido objeto de pesquisa de vários autores em nosso meio. Entre eles, destaco Klein (1996). Ela desenvolveu um trabalho de pesquisa que identifica três mitos produzidos pela teoria, os quais, agora, devem ser desconstruídos: a) a ideia de que o aluno constrói o conhecimento, o que, segundo a autora, nega o caráter social da escrita e sugere, perigosamente, uma proposta educacional espontaneísta; b) a ideia de que o professor deve respeitar as características individuais, o que, ainda segundo a autora, é incompatível com o processo educacional, que visa levar o indivíduo a avançar no seu processo de desenvolvimento; c) a ideia de que o professor deve respeitar o erro do aluno, dado o seu caráter construtivo, o que, para a autora, também é incompatível com as funções do professor (o que não significa que corrigir deva ser uma tarefa punitiva para o aluno).

No mesmo sentido, Soares (2003) argumenta que o construtivismo: a) contribuiu para a subestimação da natureza da escrita, na medida em que desconsidera as suas dimensões linguísticas; b) produziu a concepção de que a alfabetização escolar é incompatível com a proposta de métodos pedagógicos. Em consequência disso, c) a alfabetização passou a ocorrer de forma aleatória, com base na crença de que basta criar uma condição que possibilite o convívio com a escrita para que a criança se aproprie desse sistema simbólico e convencional.

Provavelmente, as críticas feitas à teoria construtivista e suas implicações nas redes de ensino têm facilitado o crescimento da influência da segunda teoria psicológica que pretendo citar: a abordagem histórico-cultural. Sem entrar na análise de teoria psicológica de Vygotsky, com ênfase sociogenética, é importante apontar algumas de suas contribuições para a educação, em especial para a alfabetização. Talvez a mais relevante repouse exatamente no papel do professor. Vygotsky afirma que o conhecimento se dá por causa da ação do sujeito sobre o objeto, semelhante à visão piagetiana;

além disso, postula a condição de sujeito ativo, ou seja, reconhece que, na relação com o objeto, o sujeito elabora ideias e hipóteses – aliás, aceita essa relação na sua radicalidade, ao assumir que a aprendizagem promove o desenvolvimento. Porém, diferentemente de Piaget, Vygotsky crê que a relação sujeito-objeto é sempre mediada por agentes culturais, que podem ser pessoas – ênfase no papel do outro – ou outros mediadores culturais.

No caso da sala de aula, espaço por excelência de relação entre sujeito/aluno e objeto/conteúdos escolares, o professor sem dúvida é o principal mediador, responsável pela organização do trabalho pedagógico, embora se reconheça que há outros mediadores, como os demais colegas e o próprio material pedagógico. Além disso, seu conceito de zona de desenvolvimento proximal permite inferir que a mediação – no caso, pedagógica – tem papel fundamental na relação que vai se estabelecer entre o sujeito e o objeto de conhecimento. Ou seja, a forma como a mediação é desenvolvida interfere na maneira como o sujeito se apropria do objeto – essência do processo de internalização, proposto pelo autor. Isso recoloca o professor no centro do processo de ensino-aprendizagem, compondo a relação tríade com o sujeito e o objeto. Resgata-se, assim, teoricamente, a função docente na mediação pedagógica.

Além da questão da mediação, a abordagem histórico-cultural muito contribuiu para a compreensão do caráter simbólico da escrita, ou seja, sua essência está na ideia que ela representa. Os autores analisam a gênese da função simbólica no desenvolvimento humano e identificam os chamados precursores da escrita: o gesto, passando pelo desenho, pela brincadeira – em especial a de desempenho de papéis – até chegar à escrita, cuja apropriação, em nossa cultura, geralmente ocorre na escola.

Da mesma forma, destaca-se o trabalho de Luria (1988) que descreve o processo pelo qual a criança passa a usar a grafia como função simbólica – o que caracteriza, segundo o autor, os primórdios da escrita – até que descubra que é possível "desenhar" a fala. Por sua vez, nesse processo, Vygotsky destaca o papel da fala, considerada sistema simbólico primário, fundamental no processo de desenvolvimento das funções psicológicas superiores e também da escrita.

Numa tentativa de síntese, entendo que a nova concepção de escrita, subjacente às propostas atuais de alfabetização – inclusive a oficial, representada pelos Parâmetros Curriculares Nacionais de Língua Portuguesa –, é acompanhada por um conjunto de novas teorias no campo educacional, as quais tiveram grande contribuição das duas teorias psicológicas citadas. Destaco a ideia de que o conhecimento é construído com base na relação entre o sujeito e o objeto, a ideia de que nessa relação o sujeito tem papel ativo, a compreensão de que a mediação pedagógica do professor é fundamental nesse processo de apropriação do conhecimento, o reconhecimento da importância da linguagem oral no processo de alfabetização escolar e a própria concepção da escrita como sistema simbólico.

## Um salto qualitativo no processo de alfabetização: o conceito de letramento em nosso meio

O conceito de letramento surgiu, em nosso meio, na segunda metade dos anos 1980, exatamente no período em que o conceito de alfabetização passava por uma mudança teórica e pedagógica profunda: saíamos de uma concepção de escrita centrada somente no código em direção a uma concepção de escrita centrada no processo simbólico. Apesar dos esforços de alguns autores, como Ribeiro (1999), em favor do uso do termo "alfabetismo", prevaleceu a palavra "letramento", provavelmente por já ter uma história de significação teórica sedimentada em outros países.

Penso que as críticas que, naquele momento, se faziam ao modelo tradicional de alfabetização criaram as condições para o rápido acolhimento desse conceito no meio acadêmico e educacional. Tais críticas, de um lado, visavam resgatar o caráter simbólico da escrita, que passou a ser visto como a sua dimensão essencial – portanto, muito além do código, mas sem negá-lo como elemento constituinte. De outro lado, fortaleciam a interpretação segundo a qual a função da escrita se concretiza por seus usos sociais, ou seja, o que dá sentido à alfabetização é a possibilidade de os indivíduos envolverem-se com práticas sociais por meio da escrita, reconhecendo que o mero domínio do código não garante o envolvimento com essas práticas. Com isso, estavam criadas as condições para a chegada do novo conceito que tenta resolver, teoricamente, essa segunda questão.

Entendo que o termo letramento refere-se aos usos sociais da escrita, ou, em outras palavras, ao envolvimento dos indivíduos com as práticas sociais de leitura e escrita. Isso implica o domínio de toda a tecnologia da escrita, o que supõe competência de leitura e escrita dos diversos gêneros textuais em função dos diferentes objetivos e demandas sociais.

Costumo destacar duas tentativas de definição do conceito de letramento. Kleiman (1995) o define como o conjunto de práticas sociais que usam a escrita, como sistema simbólico e como tecnologia, em contextos específicos, para objetivos também específicos. A autora concebe, pois, letramento como o conjunto de práticas, do indivíduo ou grupo social, relacionadas com a escrita, determinadas e disponibilizadas pelas condições sociais.

Por sua vez, Soares (1998) considera letramento o resultado da ação de apropriação da leitura e escrita, ou seja, o estado ou condição que adquire um grupo social ou um indivíduo em consequência de ter se apropriado da escrita. A autora supõe que essas práticas têm efeitos sobre os indivíduos e os diferenciam daqueles que não têm acesso às referidas práticas sociais. Assim, as práticas de letramento podem significar novas formas de inserção social dos indivíduos ou grupos, na medida em que permitem, por exemplo, acesso ao conhecimento disponibilizado em nosso meio por meio da escrita, bem como a todas as possibilidades que os seus usos funcionais podem oferecer.

Embora entre as duas autoras haja claras diferenças conceituais, julgo que o mais relevante é reconhecer os pontos comuns: ambas reafirmam que o letramento refere-se ao envolvimento com as práticas sociais que incluem a leitura e a escrita e que somente o domínio do código não garante esse processo, como o longo domínio do modelo tradicional de alfabetização em nossa sociedade demonstrou.

Pode-se afirmar, portanto, que o conceito de letramento diz respeito diretamente a uma das facetas da constituição da cidadania, o que revela o seu lado ideológico. Pais e professores enfrentam esse desafio quando têm de decidir sobre as práticas de letramento que pretendem incentivar nos seus filhos e alunos. A questão torna-se mais crucial quando se discute a escolha dos conteúdos envolvidos nessas práticas. Penso que esse desafio na escola, por exemplo, deve ser enfrentado com a discussão coletiva entre os professores e educadores que ali atuam e não deve ser camuflada: que tipo de cidadão queremos formar? Que práticas de letramento devem ser incentivadas visando à formação crítica do aluno? São questões que, inevitavelmente, devem ser enfrentadas pelo grupo, caracterizando-se como decisões de natureza ideológica, pois revelam concepções de homem e de mundo que precisam ser discutidas, revistas e assumidas.

O impacto do conceito de letramento nas concepções acadêmicas e nas práticas pedagógicas do processo de alfabetização escolar em nosso meio foi quase imediato, o que pode ser detectado nas pesquisas e publicações da área. No entanto, o processo de aproximação do conceito de letramento com o de alfabetização enfrentou vários problemas no final dos anos 1980 e 1990. Talvez o mais relevante seja que essa discussão produziu uma situação identificada por alguns autores como perda da especificidade da alfabetização: os dois conceitos frequentemente passaram a ser utilizados como sinônimos, em detrimento dos aspectos específicos da alfabetização. Em outra publicação (Leite, 2006), eu já me referi a essa questão. Soares (2003, p. 12), igualmente, apontou que "a alfabetização, como processo de aquisição de uma escrita alfabética e ortográfica, foi, de certa forma, obscurecida pelo letramento, porque este acabou por prevalecer sobre aquele, que, como consequência, perde sua especificidade". Da mesma forma, considero esse problema um dos efeitos da disseminação descontrolada da teoria construtivista nas redes de ensino – tema já abordado aqui –, o que gerou práticas de alfabetização desvinculadas de uma metodologia que lhe desse suporte. A leitura inadequada da ideia, por exemplo, de que o aluno constrói o próprio conhecimento, independentemente das condições de mediação pedagógica, levou muitos educadores, de maneira inadvertida, a propostas pedagógicas marcadas pelo espontaneísmo, com nefastas consequências para o processo de alfabetização escolar.

Assim, no momento atual, vivemos uma situação de aparente conflito: é inegável o reconhecimento do papel estimulador que o conceito de letramento produziu na alfabetização, ao mesmo tempo que é necessário resgatar/reconstruir – ou, como propõe Soares (2003), reinventar – o conceito de alfabetização.

Julgo necessário reconhecer que a inserção do indivíduo no mundo da escrita supõe dois movimentos simultâneos mas diferenciados: de um lado, a apropriação da escrita como sistema convencional, alfabético e ortográfico, o que configura a alfabetização. De outro lado, o desenvolvimento das habilidades necessárias para a inserção do indivíduo nas práticas sociais de leitura e escrita, o que configura o letramento. O problema começou quando professores alfabetizadores passaram a desenvolver, basicamente, práticas de letramento em sala de aula, supondo, de maneira errada, que elas poderiam garantir as dimensões específicas da alfabetização.

Resgatar o conceito de alfabetização significa reconhecer que esta refere-se ao processo de apropriação do sistema convencional da nossa escrita alfabética e ortográfica. Isto envolve questões como consciência fonológica, relações grafema-fonema, enfim, o domínio da escrita como código. Entretanto, não pode significar retrocesso teórico ou metodológico: o desafio que se coloca é garantir essa reinvenção da alfabetização sem reproduzir a cultura cartilhesca, que concebe a escrita apenas como representação da fala. Entendo que o enfrentamento desse problema implica o resgate da questão metodológica do processo, ou seja, o reconhecimento da necessidade de que o processo de alfabetização escolar seja sistematizado – o que pretendo defender adiante.

Para tanto, é preciso clarear as relações que deve haver entre letramento e alfabetização. Tenho reafirmado que se trata de dois conceitos independentes, portanto, com dimensões próprias, mas ao mesmo tempo indissociáveis. Ou seja, não é mais possível falar em alfabetização sem se referir ao letramento, e vice-versa. Embora seja possível que indivíduos analfabetos envolvam-se em práticas de letramento, os sistemas educacionais, é óbvio, devem almejar formar cidadãos plenamente alfabetizados – com domínio da tecnologia da escrita – e com níveis de letramento que lhes permitam constituir-se como cidadãos críticos e conscientes, por meio da inserção nas diversas práticas sociais de leitura e escrita.

A alternativa óbvia é o desenvolvimento do processo de alfabetização numa perspectiva do letramento. Sem pretender apresentar uma receita metodológica, é possível identificar as principais características do processo de alfabetização escolar desenvolvido à luz do conceito de letramento:

1) *A alfabetização deve ter o texto como ponto de partida e de chegada do processo.* A escrita a ser apresentada aos alunos, desde o início do processo, deve referir-se à escrita funcional, plena de significação, correspondente à escrita presente no ambiente social dos alunos; portanto, textos reais, coerentes e ricos de elementos coesivos, com conteúdos motivadores e adequados à população atendida.

2) *A alfabetização deve centrar-se na relação dialógica entre o aluno, o professor e os demais colegas.* Tal característica justifica-se na

medida em que se assume um modelo teórico de construção do conhecimento com base nas relações sociais que se estabelecem entre o sujeito/aluno e o objeto/conteúdo escolar, pela mediação dos agentes presentes na sala de aula, com destaque para a figura do professor.

3) *A alfabetização deve prever, continuamente, o exercício da atividade epilinguística pelos alunos, como parte do planejamento pedagógico do professor.* Na atividade epilinguística, o aluno é estimulado a refletir sobre todas as práticas realizadas em sala de aula, individual ou coletivamente, envolvendo a leitura e a produção escrita, ou seja, é uma reflexão que se dá "no próprio interior da atividade linguística" (MEC, 1997, p. 38). Na prática, significa que toda atividade pedagógica desenvolvida em sala de aula deve prever um momento em que o aluno reflita sobre a própria atividade, analise alternativas, perceba possibilidades, sempre estimulado pelo professor.

4) *As práticas de alfabetização devem ser desenvolvidas em um ambiente afetivamente favorável.* Sobre este tema, farei algumas considerações adiante.

Finalmente, e não menos importante, tenho defendido que a escola deve construir o seu projeto de letramento com todo o corpo docente e os educadores que lá atuam. Essa proposta, que não se restringe apenas aos professores de língua portuguesa, pode ser pensada no mínimo em dois níveis. No plano geral, trata-se de identificar todas as práticas de letramento que se pretende estimular, nos alunos, durante todo o período de escolarização. Reafirmo que tais decisões também são de natureza ideológica, pois refletem crenças e valores do grupo de educadores em questão. No plano específico, trata-se de definir os objetivos e práticas a ser desenvolvidos em cada série, etapa e/ou disciplina. Estou plenamente convencido, após quase quatro décadas de trabalho na rede de ensino público, que a formação de alunos leitores e produtores de texto exige esse nível de sistematização, o que implica a reorganização da forma de trabalho dos educadores nas escolas.

Assim, um projeto de letramento pode ser pensado desde a Educação Infantil e incluir, nas séries iniciais, o trabalho pedagógico voltado para os objetivos relacionados com a alfabetização escolar, porém centrado no próprio projeto de letramento. Trata-se, obviamente, de uma proposta a ser construída em médio e longo prazo, mas certamente direcionada para a formação dos alunos como sujeitos leitores e produtores de textos, que vivenciariam na escola as condições para continuar seu processo de desenvolvimento com base em seu envolvimento com as práticas de letramento.

## Um desafio recorrente: o processo de alfabetização na perspectiva crítica

Com frequência, os educadores discutem o processo de alfabetização escolar como alternativa para a formação do indivíduo crítico. Sempre concordei com essa afirmação – aliás, nunca vi ninguém questioná-la. No entanto, raramente encontrei educadores que procurassem desenvolver de maneira efetiva práticas de alfabetização numa perspectiva crítica: sei que há inúmeros problemas para se fazer isso, mas geralmente restam apenas as boas intenções quando estas não são transformadas em práticas coerentes.

No entanto, é necessário relembrar que o processo de alfabetização escolar, como toda prática pedagógica, não é uma atividade ideologicamente neutra[4]. Como já foi apontado neste texto, entendo que as bases teóricas do trabalho pedagógico de qualquer professor, em especial do alfabetizador, são de natureza ideológica, pois refletem o conjunto de suas concepções de homem e de mundo. O problema surge quando essas questões não estão suficientemente explicitadas, ou seja, quando não se tem consciência desse processo – fenômeno que os psicólogos sociais caracterizam como alienação, também objeto de estudo de várias outras áreas de conhecimento.

Pode-se afirmar que muitas das consideradas propostas modernas de alfabetização têm se caracterizado por diretrizes marcadamente conservadoras, longe de poder ser consideradas críticas. Uma leitura atenta, por exemplo, das propostas de alfabetização encaminhadas pelos órgãos públicos responsáveis pelas políticas educacionais na área sugere que, apesar da aparência progressista, constituem-se, de fato, em respostas às demandas dos setores de produção capitalista e do avanço tecnológico. Estes passam a exigir um trabalhador mais bem qualificado, com domínio funcional

---

4. A palavra "ideologia", aqui, está sendo entendida como o conjunto de representações e de valores apropriados pelo indivíduo, ativa ou inconscientemente, nas relações sociais. É um fenômeno característico do pensamento humano e costuma dissimular e ocultar os reais interesses e condições envolvidos nas diversas situações sociais, embora a alienação ou consciência ingênua possa ser superada pelo desenvolvimento da consciência crítica, como ensina Paulo Freire. Uma das características da ideologia é que ela se manifesta em todo relacionamento social, sendo, portanto, um dos principais determinantes do comportamento humano.

da leitura e da escrita. Nesse sentido, o processo de alfabetização é totalmente direcionado pela necessidade de adaptação do indivíduo às novas condições econômicas e sociais, em particular às condições de produção e de mercado. Creio que, em oposição a essa tendência, a alternativa é pensar o processo de alfabetização na direção oposta, ou seja, pensá-lo na perspectiva da formação da consciência crítica.

Certamente, as ideias de Paulo Freire (1979, 1985) são o principal referencial teórico para o desenvolvimento do processo de alfabetização numa perspectiva crítica. Para o autor, a conscientização é a passagem de um nível de consciência ingênua para um nível superior de consciência crítica a respeito das relações do sujeito com o mundo. Para ele, "a conscientização implica, pois, que ultrapassemos a esfera espontânea de apreensão da realidade, para chegarmos a uma esfera crítica na qual a realidade se dá como objeto cognoscível e na qual o homem assume uma posição epistemológica" (Freire, 1979, p. 26). Tal processo se dá, fundamentalmente, pelo exercício da reflexão crítica sobre os aspectos relevantes da realidade social. Nesse sentido, Freire defendia que o processo educacional – e, portanto, a escola – poderia exercer papel fundamental na conscientização dos indivíduos, desde que fosse planejado com esse compromisso. Dessa maneira, "o processo de alfabetização política – como o processo linguístico – pode ser uma prática para a domesticação dos homens ou para sua libertação. No primeiro caso, a prática de conscientização não é possível em absoluto, enquanto no segundo caso o processo é, em si mesmo, conscientização" (Freire, 1979, p. 27).

Freire caracteriza a consciência ingênua exatamente pelas formas com que o indivíduo interpreta e explica as relações sociais e os problemas que aí existem, chegando, com frequência, a conclusões superficiais e mágicas, típicas da condição de alienação social. Nessa condição, o indivíduo tende a encarar a realidade como algo imutável, tornado-se refratário ao diálogo e rígido nas suas concepções. Além disso, a consciência crítica é marcada pela possibilidade de análise radical e abrangente da realidade, a qual é concebida pelas suas possibilidades de mudança por meio da ação consciente dos homens. O sujeito é movido pela busca de relações causais consistentes, contrastando com o pensamento mágico da consciência ingênua, o que lhe dá condições de enfrentar os preconceitos e as falsas concepções. Obviamente, é a consciência crítica que possibilita ao homem ser sujeito da história – sua e da humanidade – ativo e transformador.

O processo educacional constitui-se em condição muito favorável para o desenvolvimento do processo de conscientização dos indivíduos, pois possibilita o enfrentamento dos conflitos e contradições sociais. O contínuo questionamento da realidade social gera um processo de reflexão crítica, centrado no diálogo e na troca de experiências entre alunos e professores em sala de aula. Esse contínuo exercício de reflexão, se bem conduzido, pode levar o indivíduo a reconhecer-se como ser histórico, sujeito da consciência social e de si mesmo.

O processo de alfabetização escolar, por sua natureza, é o espaço em que, certamente, essas relações melhor se expressam: pode constituir-se tanto na perspectiva da domesticação/consciência ingênua, quanto na dimensão da libertação/consciência crítica. Pedagogicamente, a construção do processo de alfabetização escolar numa perspectiva crítica, como aqui delineado, implica não só a existência de relações dialógicas contínuas e saudáveis em sala de aula, mas em especial a escolha de conteúdos que possibilitem a problematização da realidade.

Quanto às relações dialógicas, deve-se destacar que o papel do professor é fundamental para garantir o contínuo exercício do questionamento – não só dos aspectos da realidade social, a exemplo dos círculos de cultura propostos por Paulo Freire, como das práticas desenvolvidas em sala de aula. Ou seja, a relação dialógica passa a ser a estratégia básica para abordar os conteúdos a ser desenvolvidos e também para enfrentar todas as situações importantes vivenciadas nas relações de sala de aula, principalmente aquelas conflituosas. O objetivo é permitir relações mais saudáveis, marcadas por fraternidade, companheirismo, tolerância e outros valores humanos julgados importantes pelos educadores envolvidos no processo.

O segundo aspecto apontado – escolha de conteúdos que possibilitem a problematização da realidade – apresenta inúmeras alternativas no processo de alfabetização escolar. Se a leitura e produção de textos são as diretrizes de todo o processo, então a questão da ideologia deve ser enfrentada. A seleção dos temas dos textos a ser lidos ou produzidos não é ideologicamente neutra, apresentando múltiplas possibilidades para que os alunos envolvam-se com as questões sociais, seja com relação ao nosso planeta, seja com relação ao país ou à própria comunidade. Da mesma forma, a escolha, aparentemente inocente, das conhecidas histórias infantis deve ser objeto de análise ideológica do professor. Não se trata de censura ou veto – o que é sempre abominável –, mas da consciência dos educadores com relação às escolhas que fazem em sala de aula. Que tipo de valores o texto apresenta? São compatíveis com a construção de uma sociedade mais justa? Podem favorecer o aprimoramento das relações humanas? A que tipo de sociedade servem? Tais questões devem ser sempre objeto de discussão por parte do coletivo de docentes e educadores de uma escola.[5]

Ainda no que se refere à perspectiva crítica no processo de alfabetização – lembrando que as práticas de letramento estão aí incluídas –, cito dois projetos com os quais me envolvi e geraram duas dissertações de mestrado sob minha orientação. O primeiro foi o trabalho de Amaral (1997 e 2001), que analisou a prática pedagógica de uma professora da primeira série que procurava desenvolver o trabalho com base nas ideias de Paulo Freire. Ela atuava em uma escola particular que, embora valorizasse o seu trabalho, não assumia como política pedagógica a alfabetização crítica na perspectiva do autor. O objetivo foi identificar as grandes características do trabalho pedagógico da referida professora. Os dados demonstram que era notável sua preocupação em trazer para a sala de aula aspectos da realidade social dos alunos, fosse por meio de textos, fosse por meio de outras atividades. Percebia-se claramente o cuidado na escolha dos textos narrativos, selecionados por critérios ideológicos e linguísticos, uma vez que a leitura era uma atividade constante na sala de aula. O diálogo era a base de todo o processo, com ênfase na leitura e na produção de textos reais – que correspondiam a textos e temas presentes na realidade social dos alunos.

---

5. Sobre a questão da ideologia nos conteúdos e práticas pedagógicas, sugiro a leitura de textos que considero referências: Nosella (1979), Nidelcoff (1980) e Werneck (1982).

No entanto, é notório o fato de que a escola não assumia essa proposta na sua radicalidade, embora não a desvalorizasse. Ou seja, na realidade, foi o trabalho – avançado, sem dúvida – de uma professora, que certamente vivenciou ricas experiências no seu processo de constituição profissional, que possibilitou o desenvolvimento de propostas como essa. Penso que experiências desse tipo podem ter um efeito positivo se forem objeto de análise e discussão pelo coletivo de uma escola; vejo aí uma importante função para os profissionais que atuam como coordenadores pedagógicos: possibilitar a troca e a discussão de experiências.

Outro projeto foi desenvolvido por mim e Valim (2000) com crianças de quarta série. Visava-se analisar os efeitos de um programa de ensino que tinha como objetivo habilitar as crianças a produzir textos narrativos utilizando a contribuição de vários autores da área. As crianças estavam matriculadas em uma escola pública e no outro período participavam de um programa de atendimento de crianças e jovens, promovido pela prefeitura local. O que é relevante nessa experiência para a questão da dimensão crítica é que os três temas escolhidos pelos sujeitos foram: os problemas dos meninos de rua, o alcoolismo e a violência social. Os procedimentos previram atividades que possibilitaram às crianças envolver-se com essas questões de forma crítica e responsável: além da produção textual, foram realizadas leituras sobre os temas, pesquisa de campo e entrevistas com diversos profissionais relacionados com os problemas envolvidos. Isso exemplifica como a realidade social pode entrar na sala de aula por meio de práticas pedagógicas relacionadas com os objetivos de ensino a ser desenvolvidos em sala de aula.

VALÉRIA AMORIM ARANTES (ORG.)

# A afetividade como dimensão básica no processo de alfabetização escolar

Nos últimos dez anos tenho me dedicado ao estudo da dimensão afetiva na mediação pedagógica desenvolvida pelo professor em sala de aula. Tive a oportunidade de reunir um grupo de orientandas – doutorado, mestrado e iniciação científica – em torno do assunto, em um grupo carinhosamente denominado "Grupo do Afeto"[6], cujo produto parcial pode ser analisado nas dissertações, teses e nos relatórios de pesquisas produzidos e depositados na biblioteca da Faculdade de Educação e por um livro por mim organizado (Leite, 2006), direcionado, principalmente, aos educadores que atuam nas escolas.

Esse processo teve início com os estudos no campo da alfabetização que eu já vinha orientando. Especificamente, a afetividade passou a ser enfocada quando começamos a estudar o processo de constituição de leitores, o que nos levou à busca de fundamentação teórica que nos possibilitasse uma melhor compreensão do fenômeno. Foi esse o caminho que me levou a reencontrar a teoria de Henry Wallon.

Um dos trabalhos iniciais que orientei foi o de Grotta (2000), que analisava o processo de constituição de leitores de quatro sujeitos adultos, utilizando uma metodologia centrada nas entrevistas recorrentes (Leite e Colombo, 2006) e na história oral. Seus dados sugeriam, claramente, que a relação estabelecida entre esses sujeitos e a leitura tinha sua gênese no ambiente familiar. Os res-

---

[6]. Parte do grupo de pesquisa Alfabetização, Leitura e Escrita (Alle) da Faculdade de Educação da Unicamp.

ponsáveis pela mediação, além dos sujeitos envolvidos, eram pais, mães, avós, tios e, na escola, a figura de um professor. Eram relações com profundas marcas afetivas, sendo esta a principal característica da presença desses mediadores na vida de cada sujeito entrevistado. Em outras palavras, os dados sugeriam que a forte presença da leitura na vida dos sujeitos — todos autônomos e viciados nas práticas de leitura — tinha clara relação com uma história de vida marcada por experiências de mediação essencialmente afetivas, além, é claro, das dimensões cognitivas encontradas no processo.

No mesmo período, começamos a estudar a questão da dimensão afetiva nas relações que se estabelecem, em sala de aula, entre professor e aluno. Aqui, o trabalho pioneiro foi o mestrado de Tassoni (2000). Utilizando a metodologia conhecida como autoscopia (Leite e Colombo, 2006), ela identificou, em classes de Educação Infantil, com crianças de 6 anos, a forte presença da dimensão afetiva nas posturas e nos conteúdos verbais do comportamento da professora.

Um dos desafios que se colocaram nesse processo de envolvimento com a afetividade, como objeto de estudo, foi entender as razões pelas quais esse conceito permaneceu historicamente periférico nas relações de ensino e aprendizagem, embora sua importância não tenha sido negada pelas tradicionais teorias psicológicas. Penso que isso ocorreu devido ao predomínio secular de concepções filosóficas e psicológicas segundo as quais o homem é entendido como um ser dividido entre razão e emoção — a chamada concepção dualista, cujas raízes encontram-se na tradicional dualidade cartesiana entre corpo e alma: os afetos, como parte da dimensão anímica, não poderiam ser objeto de estudos científicos.

Além disso, no caso da dualidade razão/emoção, durante séculos, o pensamento dominante elegeu a razão como a dimensão que melhor caracteriza o homem, chegando a situar a emoção como o lado sombrio, perigoso e nebuloso da natureza humana. Durante a Idade Média, a emoção chegou a ser pareada com a ideia do pecado, capaz de desvirtuar o homem dos desígnios divinos. Penso que o ápice desse processo de predomínio da razão se deu com o positivismo, no final do século XIX. Com isso, o pensamento ocidental herdou, no século seguinte, a concepção segundo a qual a razão deve, necessariamente, dominar a emoção. Nisso as instituições sociais, como família e escola, tiveram papel fundamental.

É inegável a influência desse ideal nas práticas das instituições educacionais, como a escola, em particular nos currículos e programas desenvolvidos. Como exemplo, citam-se os tradicionais objetivos de ensino das disciplinas curriculares de nossas escolas, centrados exclusivamente nos aspectos cognitivos dos objetos. No caso da alfabetização, por sua vez, o grande objetivo era possibilitar que as crianças se apropriassem do código da escrita, sendo rara a preocupação de levar os alunos a se tornar leitores autônomos, o que implicaria lidar com as dimensões motivacionais, marcadamente de natureza afetiva.

As concepções dualistas, entretanto, têm sido contestadas crescentemente desde o século XIX. Porém, somente no século passado, com o advento das teorias centradas nos determinantes culturais, históricos e sociais da condição humana, criaram-se as bases para uma nova compreensão do próprio homem e, em especial, das relações entre razão e emoção. Caminhou-se na direção de uma ideia monista do processo de constituição humana, em que afetividade e cognição passaram a ser interpretadas como dimensões indissociáveis do mesmo processo, não sendo mais possível analisá-las separadamente. Pode-se citar, como exemplo atual dessa nova forma de compreender a relação razão-emoção, o trabalho de Damásio (2001), neurofisiólogo português, que situa a emoção como base do processo de desenvolvimento humano. Assim, a máxima cartesiana "penso, logo existo", em que a razão/pensamento é colocada como motivo da existência, é revista pelo autor. Ele propõe outra máxima – "existo e sinto, logo, penso" –, em que se percebe, de um lado, uma clara inversão do domínio secular da razão em relação à emoção e, de outro, o reconhecimento de que a emoção é a base da estrutura cognitiva do ser humano.

Nessa discussão, interessa destacar, para o escopo do presente trabalho, a necessidade de uma nova compreensão da relação sujeito-objeto – um antigo tema da psicologia e da filosofia. Em especial, é necessário construir uma nova forma de entender o processo de produção/apropriação de conhecimento por parte do sujeito, identificando o possível papel da dimensão afetiva nesse processo. Esse foi o desafio teórico que o Grupo do Afeto enfrentou no final dos anos 1990. Para superá-lo, fomos estudar as teorias de autores que tinham como pressuposto a ideia de que o homem, como ser biológico, constitui-se humano na e pela inserção cultural.

Wallon (1968, 1971, 1978) foi fundamental para o trabalho do grupo, uma vez que criou uma teoria do desenvolvimento humano que reconceitua o papel da afetividade no processo e, por consequência, no processo educacional. O autor apresenta uma teoria psicológica sobre o processo de desenvolvimento com base na existência de quatro grandes núcleos funcionais determinantes do processo: a afetividade, a cognição, a motricidade e a pessoa – sendo todo o desenvolvimento analisado e explicado pela contínua interação dessas dimensões. Para o autor, as emoções caracterizam-se como as primeiras manifestações de estados subjetivos, expressas pelo recém-nascido, na sua relação com as pessoas, sendo marcadamente caracterizadas por componentes orgânicos. A afetividade, por sua vez, é situada como um conceito mais amplo, ligado a vivências e formas de expressão humanas mais complexas, desenvolvendo-se principalmente com a apropriação dos sistemas simbólicos culturais pelo indivíduo – em especial a fala –, sistemas esses que vão possibilitar formas de representação mais complexas da realidade.

Vygotsky (1993, 1998), por sua vez, também é importante no quadro delineado, pois desenvolveu as bases de uma teoria segundo a qual o indivíduo nasce como ser biológico, com uma história filogenética determinada, mas, pela inserção numa cultura, constitui-se como ser histórico e social. Para o autor, é papel da teoria criar e explicar os meios e os mecanismos pelos quais os processos e funções elementares do homem biológico mesclam-se com os processos culturais para produzir o que ele chama de funções psicológicas superiores, tipicamente humanas.

Como síntese, pode-se afirmar que Wallon e Vygotsky assumem o caráter social da afetividade: as manifestações, inicialmente orgânicas, vão ganhando complexidade, passando a atuar no universo simbólico, ampliando-se as suas formas de manifestação, sendo a relação afetividade-inteligência fundamental para todo o processo de constituição da personalidade.

Partindo desse referencial teórico, foi possível determinar as bases de todo o trabalho desenvolvido sobre a questão da afetividade, bem como delimitar a direção das futuras pesquisas. Em um trabalho publicado (Leite e Tassoni, 2002), estabelecemos os seguintes pressupostos: a) a produção do conhecimento é um processo baseado na relação entre o sujeito e o objeto – na escola, é a relação entre o aluno e os conteúdos apresentados; b) essa relação, no entanto, é sempre mediada por algum agente cultural – na escola, o principal agente mediador, mas não único, é o professor; c) essas relações sujeito-objeto-mediação também são marcadamente afetivas; d) a qualidade da mediação é um dos principais determinantes da qualidade da relação que vai se estabelecer entre o sujeito e o objeto de conhecimento, e isso envolve, simultaneamente, as dimensões cognitiva e afetiva.

No caso da mediação pedagógica, logo ficou claro, para todos nós do Grupo do Afeto, que a dimensão afetiva não se restringia às chamadas relações *tête-à-tête* entre professor e aluno. Percebemos que todas as decisões assumidas e desenvolvidas pelo professor em sala de aula produziam impactos de natureza afetiva na subjetividade dos alunos, mesmo nas situações em que o professor não estava fisicamente presente.

Essas decisões, certamente, são inúmeras, mas tomando por base os trabalhos de pesquisa realizados pelos membros do Grupo do Afeto nesta década, penso ser possível identificar algumas decisões que todo professor toma, ao planejar e desenvolver um curso, que produzem inevitáveis repercussões afetivas, positivas ou negativas, nos alunos: a) a escolha dos objetivos e conteúdos do ensino; b) a decisão sobre onde iniciar o ensino; c) a organização e a sequência dos conteúdos de ensino; d) a escolha dos procedimentos e atividades de ensino; e) a escolha dos procedimentos de avaliação.

Em síntese, o que os dados acumulados permitem inferir é que, quando adequada, a mediação pedagógica – conjunto de decisões concretamente assumidas e desenvolvidas pelos educadores no ambiente escolar – possibilita que o aluno tenha sucesso no processo de apropriação do objeto do conhecimento, ou seja, sucesso no processo de aprendizagem, e isso tem repercussões afetivas positivas, sendo a mais imediata a aproximação afetiva na relação que se estabelece entre o sujeito e o respectivo objeto. Inversamente, supõe-se que a mediação inadequada produz a sensação de fracasso no aluno, e, dependendo da carga aversiva presente, pode se constituir numa história de afastamento entre o sujeito e o respectivo conteúdo envolvido. Em outras palavras, estamos mostrando como se constituem as relações afetivas entre sujeito e objeto e sugerindo que esses efeitos distribuem-se num contínuo, que varia entre os extremos de amor e de ódio – e isso depende, em grande parte, da história de sucesso-insucesso vivenciada pelo aluno, a qual é determinada, prioritariamente, pelas condições da mediação pedagógica desenvolvida de maneira concreta em sala de aula.

Os dados acumulados pelas pesquisas que orientei nesse período dão suporte para esta interpretação: tudo indica que as histórias de sucesso e fracasso vivenciadas têm claras implicações na constituição da autoestima dos alunos, entendida aqui como os sentimentos derivados da avaliação que o sujeito faz sobre si mesmo.

Por fim, devo relembrar que toda a discussão, aqui apresentada, sobre a questão da afetividade relaciona-se com o processo de mediação pedagógica, independentemente do tipo de conteúdo curricular em questão. Da mesma forma, é preciso ressaltar que as histórias de mediação entre sujeito e os diversos conteúdos da cultura frequentemente extrapolam os limites da sala de aula; entretanto, posso supor que quanto mais limitado for o ambiente cultural de uma criança, maior será o efeito das experiências vividas na escola. Todas essas considerações também são válidas para o processo de alfabetização escolar: com certeza a história de relação que se estabelece entre a criança e as práticas de leitura e escrita é muito sensível à história de mediação pedagógica planejada e desenvolvida pelos educadores na escola. Esses processos certamente terão repercussões afetivas na relação que vai se constituir entre as crianças e a escrita.

## A organização coletiva na escola como condição para o sucesso no processo de alfabetização

Uma escola que assuma um projeto de alfabetização centrado na perspectiva do letramento decerto terá como meta a criação das condições necessárias para que seus alunos se constituam como leitores e produtores de textos competentes. Isso, é claro, não é tarefa para um único professor: trata-se de um desafio que exigirá que todos os docentes, em especial os das séries iniciais, planejem e desenvolvam suas práticas pedagógicas em torno de diretrizes comuns, ou seja, exigirá um projeto coletivo na área. Esse esforço extrapola a dimensão pedagógica, envolvendo aspectos de natureza político-institucionais, que dizem respeito ao processo de tomada decisão na escola: quem tem o poder e como as coisas ocorrem. A grande questão pode ser assim resumida: as diretrizes pedagógicas que deverão orientar o processo de alfabetização devem ser assumidas isoladamente pelos professores ou ser fruto de decisões comuns, discutidas e decididas pelo coletivo dos docentes? Ressalte-se que esse ponto não é relevante apenas para a área da alfabetização, mas relaciona-se, em última instância, com todo o planejamento educacional da escola.

O modelo tradicional de alfabetização, centrado na concepção de escrita apenas como código de representação da linguagem oral, foi desenvolvido durante décadas numa escola cuja estrutura e organização colocavam no professor, de maneira isolada, a responsabilidade das decisões sobre o trabalho pedagógico a ser desenvolvido em sala de aula. Aliada a concepções fordistas e tayloristas de organização, a escola era planejada semelhantemente à linha de produção industrial: um grupo de especialistas pensava o plano curricular, definindo objetivos e conteúdos gerais de cada área; cada professor decidia sobre o trabalho pedagógico a ser desenvolvido em sala de aula, em função dos objetivos propostos pelas instâncias superiores; para garantir o processo, criava-se outro grupo de especialistas para supervisionar o trabalho dos professores. A lógica subjacente era a seguinte: o todo é igual à soma das partes, ou seja, se a escola mantiver bons professores em cada etapa do processo escolar, cada um realizando de forma competente a sua parte do trabalho previsto, o produto final – o aluno formado – será garantido. Esse foi o modelo teórico que revolucionou a produção da indústria capitalista, no início do século XX, e acabou adaptado à organização escolar. Vestígios de tal modelo ainda permanecem fortemente nos dias atuais.

Desnecessário discutir, aqui, a falácia dessas concepções, historicamente já demonstrada. Vale ressaltar que o grande problema desse modelo de organização relaciona-se com o processo de produção da alienação do professor em relação ao seu trabalho, tema bem discutido pela psicologia social: o professor perde a noção da função social do seu trabalho, com sérias consequências para o processo educacional desenvolvido pela instituição. No entanto, apesar de a maioria das organizações empresariais já ter, nas décadas recentes, revisto essas ideias e práticas sobre estrutura e organização, em favor de modelos de relações de trabalho mais coletivizados e participativos, a instituição escolar, em nosso meio, principalmente a pública, ainda mantém essas características tradicionais. Isso pode ser observado, em especial, no trabalho isolado do professor e na gestão centralizada das instituições – geralmente na figura do diretor ou de um coordenador –, apesar dos esforços de superação demonstrados por vários órgãos responsáveis de diversos setores públicos.

O fato é que as formas tradicionais de estrutura e organização escolar são incompatíveis com as novas propostas de alfabetização centradas no letramento, dado que estas exigem trabalho em médio e longo prazo, com diretrizes comuns, pois almejam a formação do aluno como leitor e produtor de textos. Defendo que um dos componentes do planejamento pedagógico da escola deva ser um projeto de letramento, que vise envolver todos os alunos com as práticas sociais de leitura e escrita. Nessa perspectiva, tal projeto incluiria todos os docentes da escola, pois é uma tarefa que se inicia na Educação Infantil e se estende até a última série atendida pela instituição. Parte desse trabalho – em geral com crianças de 7 a 8 anos – deve se voltar para a alfabetização, período em que o foco é o planejamento das condições que possibilitem às crianças apropriar-se da escrita alfabética e ortográfica – como já foi discutido neste texto – e ser realizado, necessariamente, na perspectiva do letramento. Essa tarefa exige planejamento comum e implica a existência de instâncias coletivas de organização do trabalho docente na escola.

O trabalho coletivo tem sido muito discutido nas últimas duas décadas. No entanto, considero que um dos maiores desafios que se colocam, hoje, para a escola (pública ou particular) continua sendo a construção de formas de funcionamento participativo por parte dos educadores envolvidos de maneira efetiva com o trabalho educacional na instituição. Assumir o objetivo de formar os alunos, como leitores e produtores de textos competentes, implica, necessariamente, a existência concreta dessas instâncias institucionais para o desenvolvimento do trabalho de forma coletiva. Sem aprofundar a análise, a maior dificuldade que percebo nessa direção é que essa proposta não se refere a mudanças de natureza meramente burocrática, mas envolve valores relacionados com concepção de escola, de trabalho, de relações interpessoais, de autoridade, enfim, da própria democracia vivenciada no interior da instituição. Por isso, é um processo de mudança gradual nas formas de gestão escolar, que depende de vontade política de professores, dirigentes e funcionários e deve ser, também, objeto de contínua reflexão por parte dos que participam de sua construção.

Entendo que a organização coletiva dos docentes na escola supõe que o trabalho pedagógico de todos os professores relacionados, no caso com a área de língua portuguesa, seja planejado e desenvolvido com base em diretrizes teórico-pedagógicas comuns, sem o que dificilmente a escola conseguiria formar leitores e produtores de textos. Por diretrizes comuns entendo as linhas mestras em torno das quais cada professor planejará o seu trabalho, seja na Educação Infantil ou na última série do ensino da referida instituição. Como exemplos, algumas diretrizes podem ser citadas com relação ao trabalho na área de língua portuguesa/alfabetização: uso do texto como eixo do trabalho pedagógico desenvolvido em todas as séries ou etapas; uso de textos reais, com conteúdos julgados relevantes e condizentes com as condições dos alunos; ênfase nas atividades epilinguísticas com relação à produção de leitura e de escrita dos alunos; decisão sobre a gramática normativa (de preferência, situando-se nas séries mais avançadas) etc. Obviamente, cada diretriz implica um processo de discussão e de estudo, a fim de garantir uma base teórica que dê apoio às práticas assumidas pelo grupo.

Além disso, a existência de diretrizes comuns é uma condição necessária, mas não suficiente, para o trabalho educacional desenvolvido numa instituição de ensino. É preciso criar condições concretas, na estrutura e funcionamento da instituição, para que os docentes possam exercer, de maneira contínua e coletiva, a reflexão sobre sua prática pedagógica. A prática concreta desenvolvida em sala de aula sempre fornece elementos para a reflexão e a significação teórica, a qual, por sua vez, sugere novas alternativas para a prática; cria-se, assim, uma relação dinâmica entre teoria e prática, que funciona como força motriz de todo o processo. Como exemplo, cito a organização docente criada no Proleste (Leite, 1982): semanalmente, os professores das primeiras séries reuniam-se com as respectivas coordenadoras pedagógicas na escola e reviam o plano, trocavam experiências, encaminhavam sugestões, decidiam alternativas para os problemas enfrentados e ainda tinham possibilidade de discutir alguma leitura realizada durante a semana. Usei esse procedimento de organização em vários outros projetos em que me envolvi em escolas da rede de ensino público e considero tal estratégia um dos fatores mais relevantes para o sucesso do trabalho educacional nas instituições.

Entretanto, é necessário relembrar que a organização coletiva não é um processo natural ou espontâneo nas instituições. Ao contrário, exige planejamento e estratégia, além da vontade política dos gestores educacionais; caso contrário, o trabalho não se mantém. Nesse sentido, é fundamental a presença de um profissional – seja o diretor, um coordenador específico ou um professor, desde que tenha clareza da importância do trabalho da coordenação e competência para tal – que desenvolva as funções de coordenação pedagógica. Tal profissional deve coordenar o processo a fim de criar condições concretas para a organização coletiva dos docentes na escola. Ele tem de promover desde as condições físicas para que o grupo se reúna até uma agenda relevante para o trabalho grupal. Tal ação deve ser desenvolvida numa perspectiva democrática e respeitosa, porém com a seriedade profissional que o trabalho exige. De novo, destaco que tal proposta não se restringe somente à área da alfabetização ou da língua portuguesa: vejo-a como necessária à organização de todos os componentes curriculares da escola.

A implantação de práticas baseadas nessas ideias não é tarefa simples: com certeza implicará muitas dificuldades porque representa uma ruptura com os modelos tradicionais de gestão centralizadora. Isto pode afetar interesses particulares e grupais ou mudar práticas mantidas por uma cômoda tradição, uma vez que o processo demanda um amplo movimento de democratização das relações internas no trabalho escolar, ou seja, um processo de descentralização do poder decisório. Tenho defendido que um grupo docente não se constitui e se fortalece, no interior da escola, sem poder de decisão, pelo menos em relação aos aspectos relacionados com as práticas pedagógicas desenvolvidas pelos próprios professores. Assim, vejo a democratização interna como condição essencial para construir uma escola de qualidade.

Tudo isso resume o ponto nevrálgico da questão: é preciso ter clareza sobre a função da escola, e também que os envolvidos no processo assumam um compromisso político. Pode-se supor que o próprio trabalho coletivo constitui, por sua vez, condição facilitadora para o fortalecimento desse compromisso político necessário para o grupo.

## Em defesa da sistematização do trabalho pedagógico do professor em sala de aula

Os tópicos até aqui apresentados não são novos na minha agenda das questões relacionadas com o processo de alfabetização escolar. Vários deles foram abordados em trabalhos anteriores, mas aqui tive a oportunidade de revisitá-los e incluir várias considerações recentes e relevantes.

A necessidade da sistematização do trabalho pedagógico do professor em sala de aula, no entanto, é um tema recorrente mas que há muito tempo não era objeto de uma análise mais centrada. Devo ressaltar que, nos anos 1970, os projetos que coordenei na rede de ensino – com destaque o Proleste – eram marcados por procedimentos sistematizados e por uma constante preocupação com a construção de dados, por meio de um sistema de avaliação contínua dos alunos, que possibilitasse elementos para uma avaliação precisa de toda a proposta pedagógica.

Reconheço, no entanto, que, a partir de meados dos anos 1980, a sistematização do trabalho pedagógico tornou-se um tema secundário no ambiente educacional, provavelmente devido ao advento de novas propostas teóricas na área da alfabetização. Dois elementos me parecem relevantes para ajudar a entender o ocorrido. O primeiro, sem dúvida, foi a chegada das propostas construtivistas, representadas pelo trabalho de Emilia Ferreiro, que teve uma enorme repercussão em nosso país, em especial no estado de São Paulo. Estive presente na importante conferência que a autora proferiu no Teatro Sérgio Cardoso, na capital, numa fria noite de 1985, e pude testemunhar o impacto de suas ideias nos educadores que lotavam aquele recinto. Ao enfatizar o papel do sujeito no processo de construção do conhecimento, apresentando dados científicos que fundamentam o processo de construção de hipóteses pelas crianças, na sua relação com a escrita, a proposta encontrou, em nosso meio, um ambiente propício à sua pronta aceitação, tornando-se uma verdadeira panaceia para o problema do fracasso escolar nas primeiras séries, que tanto envergonhava o nosso sistema de ensino público.

Em consequência, cito o segundo elemento: quase de forma imediata, o construtivismo foi assumido, pelos órgãos centrais da Secretaria de Educação de São Paulo, como a base teórica da política pedagógica para as propostas oficiais para alfabetização. Assim, a teoria foi elevada diretamente à condição de proposta pedagógica. Um dos efeitos imediatos desse intempestivo movimento foi a restrição, de forma velada, do trabalho sistematizado de alfabetização na rede de ensino, pois entendia-se que este chocava-se frontalmente com a ideia de que o sujeito constrói o seu conhecimento. Chegou-se ao extremo de presumir que ensinar não era mais admissível para o professor, uma vez que o conhecimento, para ser válido, deveria ser fruto da descoberta individual pelo sujeito. Essas e outras concepções derivadas de uma leitura equivocada do construtivismo, cujas críticas já apresentei neste trabalho, tornaram-se dominantes durante toda a década seguinte.

Na época, o Proleste já estava bastante enfraquecido na rede de ensino de Mogi das Cruzes, por razões basicamente políticas. Em 1982, com a eleição do governo Montoro no Estado de São Paulo – primeiro governo democrático eleito após a ditadura militar – houve uma radical mudança nos grupos e nas políticas em quase todos os setores do governo, em especial a Educação, não se salvando nenhuma experiência até então desenvolvida, mesmo que bem-sucedida. Na DRE-5-Leste, onde o projeto estava sediado, toda a equipe foi afastada, sendo também rompido o vínculo com a universidade, pelo qual eu participava do projeto: tudo isso significou seu fim.

No entanto, o Proleste deixou algumas influências, sendo a mais relevante identificada na proposta do Ciclo Básico, implantado em São Paulo em 1984: nesse período, estive duas vezes presente na Coordenadoria de Ensino e Normas Pedagógicas (Cenp), da Secretaria Estadual de Educação de São Paulo, onde tive a oportunidade de apresentar o projeto e toda sua base teórica. O Ciclo Básico aproveitou parcialmente a experiência construída pelo Proleste, como o respeito ao ritmo de aprendizagem das crianças. Entretanto, todas as medidas que implicavam o trabalho pedagógico sistematizado no Proleste não foram assumidas pelo Ciclo Básico, principalmente a proposta de avaliação constante, considerada uma das mais relevantes.

Os efeitos de todas as mudanças ocorridas nessas duas últimas décadas, na área da alfabetização, são públicos e notórios: os dados de avaliação sobre o desempenho das crianças no ensino público mostram que os mesmos desafios continuam. E, o que é pior, com a desastrosa implantação, na rede pública de São Paulo, da política de progressão continuada, criaram-se as condições para o surgimento de uma nova realidade nas escolas: as crianças que passam sem saber, chegando à quarta e quinta séries praticamente sem o domínio autônomo da escrita (Sirino, 2008). Obviamente, o problema é amplo, com uma variedade de determinantes, mas entendo que um deles foi a perda da dimensão sobre a importância do trabalho sistematizado em sala de aula.

Por isso, acho relevante retomar a questão da sistematização do trabalho pedagógico. Vários educadores têm me dito que, até os anos 1980, havia uma metodologia – tradicional, sem dúvida –, mas também uma carência teórica sobre o processo de alfabetização; atualmente, temos ideias mais claras e relevantes sobre o processo de alfabetização – em particular com o conceito de letramento –, mas uma carência metodológica.

Pretendo retomar o assunto com o auxílio da pesquisa e de dados coletados em um processo de intervenção. Relato, na sequência, um projeto de alfabetização que tive oportunidade de orientar (Moraes, 2008), em que foi possível analisar uma proposta sistematizada do trabalho pedagógico.

## O projeto de pesquisa

O referido projeto começou quando, no final de 2007, uma aluna do curso de Pedagogia da Unicamp pediu que eu orientasse seu trabalho de conclusão de curso. Sabendo que a aluna era professora de primeira série numa escola pública, fiz a ousada proposta de planejar, desenvolver e avaliar um programa de alfabetização em sua sala de aula, local em que resgataríamos as ideias discutidas no curso de Pedagogia. Para minha surpresa, ela aceitou de pronto.

Todas as questões abordadas neste texto constituíram a base teórica do projeto, pois eram objeto de estudo nos cursos que eu ministrava na Faculdade de Educação, entre elas: as novas concepções de escrita, a questão do letramento, a especificidade do processo de alfabetização, o papel da mediação pedagógica, a ideia do aluno como sujeito ativo, as contribuições linguísticas e psicológicas, o conceito freiriano de conscientização, o papel da palavra geradora etc. Mais especificamente, destaco a clássica proposta de Paulo Freire (1979) e uma pesquisa recente, baseada no mesmo autor, desenvolvida por Mendonça e Mendonça (2007).

## Objetivo e metodologia

O objetivo do trabalho foi analisar os efeitos de um programa de alfabetização centrado no uso de palavras geradoras, por meio da produção de dados baseados no desempenho das crianças que possibilitassem uma análise crítica das condições planejadas. Como Soares (2003), pressupunha-se que a especificidade do processo de alfabetização é a apropriação da escrita como sistema simbólico alfabético e ortográfico, cujo processo deve ocorrer na perspectiva do letramento.

Metodologicamente, a pesquisa pode ser considerada um estudo de caso na perspectiva etnográfica (Ludke e André, 1986; André, 1995, 2005).

A escola, que faz parte da rede estadual de ensino, estava situada na periferia de Campinas (SP). A classe de primeira série atendida tinha trinta alunos matriculados, mas a frequência variava entre 29 e 33, pois houve transferências no período. Eram crianças cujas famílias podem ser consideradas de classe média baixa e baixa.

A professora havia se formado no curso de magistério pelo Centro Específico de Formação e Aperfeiçoamento do Magistério "Padre Ismael Simões", de Campinas, e estava terminando o curso de Pedagogia. Tinha experiência de três anos no Ensino Fundamental, mas era iniciante na primeira série.

## Programa e procedimentos

A proposta pedagógica foi centrada no uso de palavras geradoras, de inspiração freiriana. Dois critérios foram utilizados para a escolha dessas palavras: de um lado, elas deveriam ter grande significado para as crianças, possibilitando a discussão de questões relacionadas com a sua realidade social; de outro, deveriam envolver todos os conteúdos linguísticos necessários para a leitura e a escrita das palavras. Usou-se como base o texto de Lemle (1997, p. 5), que apresenta uma análise das relações "entre os sons da fala e as letras da língua escrita". No total, foram utilizadas 21 palavras geradoras[7], extraídas do universo vocabular das crianças.

O procedimento básico, utilizado no trabalho com cada palavra geradora, apresentava as seguintes etapas:

- Tematização: apresentava-se o tema a ser trabalhado por meio da palavra escrita. As crianças eram estimuladas a expressar e demonstrar o que já sabiam sobre o assunto; tais demonstrações podiam ocorrer de diversas formas – inclusive atividades como desenhos ou materiais trazidos de casa.

---

7. As palavras foram escolhidas com a ajuda das crianças: "amigo", "amizade", "família", "casa", "cachorrinho", "sapo", "jacaré", "escola", "classe", "bairro", "Campinas", "alimento", "higiene", "nariz", "brincadeira", "futebol", "natureza", "árvore", "poluição", "lixo" e "trabalho".

- Problematização: nesse momento o professor tinha um papel mais diretivo, sugerindo questões e trazendo novas informações e conhecimentos sobre o tema gerador, por meio de leituras, materiais diversos, propostas de pesquisa etc.
- Análise/síntese: nesse momento, a palavra geradora era dividida em sílabas e, estas, nas letras que as compunham; no caso das consoantes, faziam-se as novas combinações com as vogais, bem como com os demais conteúdos linguísticos abordados. Essas palavras e esses conteúdos eram escritos na ficha de descoberta, de fácil acesso para todos; além disso, várias atividades eram desenvolvidas com o objetivo de possibilitar às crianças identificar e explorar as relações grafema-fonema.
- Fixação da leitura e escrita: outras palavras e frases eram formadas com o material da ficha de descoberta; no entanto, podiam lidar com conteúdos ainda não sistematizados pelo programa. Da mesma forma, eram incluídas atividades de leitura, pesquisa em diversos portadores de texto etc. À medida que as crianças avançavam no programa, aumentavam geometricamente as possibilidades de envolvimento com atividades de leitura e escrita, sendo esse um dos pontos que o conceito de letramento ajudou a subsidiar, com a inclusão de atividades relacionadas com textos reais, presentes no ambiente social das crianças.
- Avaliação contínua: uma das características do programa foi um processo de avaliação constante, que possibilitava à professora a contínua revisão dos conteúdos ou a indicação das crianças para as sessões de recuperação, fora do período de aula. O processo de avaliação contínua foi possibilitado pelas sondagens, que serão apresentadas adiante, e pelas próprias observações do material produzido pelas crianças em sala de aula.

O tempo necessário para desenvolver o trabalho com as palavras geradoras variou decrescentemente. As palavras iniciais exigiam até duas semanas de trabalho, mas, à medida que o programa se desenvolvia, esse tempo foi diminuindo, chegando-se a trabalhar, na fase final, uma palavra por semana.

## Dados coletados

Durante o programa, foram coletados dados de três fontes:

- Diário de campo: caderno utilizado pela professora para anotar o planejamento feito, todas as atividades desenvolvidas e as situações relevantes vivenciadas em sala de aula. Esse material era transcrito no computador e discutido nas reuniões com o orientador. Nessas reuniões, sugeriam-se alternativas para o planejamento das próximas palavras geradoras.
- Sondagem completa: era composta por 58 palavras a ser ditadas para todas as crianças, incluindo todos os conteúdos linguísticos envolvidos no programa, independentemente do ponto em que estivessem; cada conteúdo aparecia duas vezes em diferentes palavras, as quais também eram do universo vocabular dos alunos. A sondagem completa era aplicada quatro vezes durante o ano letivo, sendo que cada aplicação era realizada em dois dias consecutivos, ocupando parcialmente um período de aula diária. O objetivo era identificar a situação da classe como um todo, e cada criança em particular, com relação ao domínio de cada conteúdo linguístico do programa. Numa condição ideal, esperava-se que as crianças acertassem os conteúdos já sistematizados do programa e demonstrassem

um índice menor de acerto nos demais conteúdos. Esses dados puderam ser utilizados como sugestões para a realização de atividades de revisão e eram apresentados em tabelas coloridas para fácil visualização.

* Sondagem simplificada: correspondia a um ditado de cinco palavras e uma frase, com o mesmo referencial semântico. Era aplicada individualmente, sendo que cada criança deveria escrever e ler, apontando com o dedo as palavras e a frase. Inspirada na pesquisa de Emilia Ferreiro, a sondagem era obrigatória para todas as salas de aula da escola (aliás, de todas as escolas estaduais paulistas) e foram aplicadas cinco vezes durante o ano. O material produzido pelas crianças deveria ser categorizado em função dos níveis de escrita identificados pela professora. No caso presente, decidiu-se utilizar essa sondagem também como fonte de dados da pesquisa.

**Resultados**

Não foi plausível apresentar os resultados demonstrados pela sondagem completa, dada a grande quantidade de tabelas produzidas. Entretanto, os dados apontam na direção esperada, ou seja, à medida que as crianças avançam no programa, têm maior índice de acertos relacionados com os conteúdos já dominados, embora haja alunos que apresentam domínio, total ou parcial, de conteúdos ainda não sistematizados no momento da realização da respectiva sondagem. Da mesma forma, algumas crianças ainda têm domínio parcial de conteúdos já trabalhados.

Por sua vez, todos os dados coletados na sondagem simplificada estão apresentados na Tabela 1.

| Tabela 1 – Porcentagem de alunos por categoria, nas cinco sondagens simplificadas | | | | | |
|---|---|---|---|---|---|
| Período | Fev. (27) | Maio (28) | Jul. (30) | Set. (29) | Nov. (28) |
| Pré-silábica | 59,2 | 32,1 | 6,7 | 0 | 0 |
| Silábica sem valor sonoro | 18,5 | 10,7 | 26,7 | 20,7 | 3,6 |
| Silábica com valor sonoro | 3,7 | 28,6 | 20 | 13,8 | 14,3 |
| Silábica alfabética | 3,7 | 3,6 | 6,6 | 10,3 | 10,7 |
| Alfabética | 14,8 | 25 | 40 | 55,2 | 71,4 |

As categorias de análise foram baseadas em Ferreiro e Teberosky (1986) e podem ser assim resumidas: a) Escrita pré-silábica: não reproduz a escrita convencional, sendo utilizadas marcas, desenhos, números ou letras aleatórios, eventualmente garatujas; b) Escrita silábica sem valor sonoro: utilização de uma letra/marca ou grupo de letras/marcas por emissão sonora da palavra, sem que as letras apresentem valor sonoro estável, sendo comum aparecerem letras do próprio nome do aluno; c) Escrita silábica com valor sonoro: utilização de uma letra por emissão sonora da palavra, sendo que as letras aparecem com valor sonoro estável; d) Escrita silábico-alfabética: escrita de transição, na qual aparecem tanto marcas da escrita silábica quanto da escrita alfabética, às vezes na mesma palavra; e) Escrita alfabética: reproduz corretamente a estrutura da palavra, embora ainda sem o domínio das convenções.

A tabela mostra aspectos que devem ser destacados:

- de quase 60% de alunos na categoria escrita pré-silábica, observados na primeira sondagem, reverte-se o quadro para mais

de 70% na categoria escrita alfabética, na sondagem de novembro;
- os índices das categorias que revelam uma concepção de escrita mais elementar vão diminuindo nas sondagens aplicadas durante o ano, acompanhados dos respectivos aumentos dos índices das categorias que refletem formas mais elaboradas de compreensão da escrita;
- cerca de 30% das crianças não conseguiram chegar à escrita alfabética no final do ano, mas todas progrediram significativamente nas suas concepções de escrita.

## O que os dados revelam

O primeiro ponto a ser destacado é que, em um projeto com essas características, todas as crianças progridem, pois são alvo do trabalho pedagógico do professor, sem exceção. Entretanto, há uma considerável variação no ritmo de aprendizagem das crianças, o que fica demonstrado pelos 30% que não chegaram à escrita alfabética no final do ano letivo. Isso reforça a ideia de que há uma significativa parcela de crianças que necessitarão de, no mínimo, mais um período letivo de um trabalho pedagógico sistematizado para que completem esse ciclo inicial de apropriação da escrita como sistema alfabético. Isso sugere, claramente, que a escola precisa organizar o processo de alfabetização nas séries iniciais, reconhecendo essa característica de variação do ritmo das crianças – embora esse ritmo seja crescente em todas elas – e garantindo a continuidade do processo no ano seguinte, de preferência com a mesma professora ou com outra que tenha todas as informações detalhadas sobre o processo vivenciado pelas crianças de maneira individual.

Nesse sentido, uma das características mais relevantes do projeto foi a proposta de avaliação contínua, formalizada por meio das sondagens, completa e simplificada, e da avaliação informal realizada pela professora com base nas observações informais e contínuas, centradas no desempenho das crianças. Isso permitiu que a avaliação fosse, efetivamente, organizada na perspectiva diagnóstica, conforme a proposta de Luckesi (1984): avalia-se para que as condições de ensino sejam revistas. Assim, prevalece a ideia de que o processo de aprendizagem reflete diretamente o processo de mediação pedagógica desenvolvido pelo professor. Sem um sistema de avaliação que produza dados de maneira contínua sobre o desempenho dos alunos, dificilmente o docente terá condições de assumir medidas que garantam o sucesso esperado no processo de ensino-aprendizagem dos alunos.

Outras questões sobre o projeto merecem ser destacadas, entre elas o trabalho com os pais. Essa também tem sido uma área difícil no trabalho das escolas; com frequência, pais são chamados para que professores e educadores reclamem do comportamento dos filhos ou das "dificuldades de aprendizagem" que o aluno apresenta. No presente projeto, tomou-se o cuidado de não transferir para a família responsabilidades que são inerentemente da escola. No entanto, as mães foram convidadas e orientadas pela professora, em reuniões de pais, a ajudar no trabalho pedagógico desenvolvido na escola. A docente explicou-lhes os tipos de atividade que poderiam desenvolver com as crianças em casa, diariamente, durante um pequeno período. Deve-se destacar que a maioria delas realizou esse trabalho de apoio, o que foi considerado de grande valia, possibilitando um melhor conhecimento a respeito da proposta pedagógica desenvolvida pela professora com as crianças.

Obviamente, houve um grupo que não pôde realizar esse trabalho, em particular porque essas mães não tinham condições de comparecer às reuniões. Isso, no entanto, não impediu que seus filhos progredissem.

A especificidade da alfabetização apareceu no intenso trabalho pedagógico desenvolvido pela professora com as palavras geradoras. A apropriação do sistema de escrita, de natureza alfabética, foi amplamente garantida por 70% dos alunos e parcialmente para os demais 30%. Em situações como essa, atenção especial deve ser direcionada a esse grupo minoritário; entretanto, a ampliação do trabalho com a escrita pode, de maneira gradual, possibilitar que todos os alunos apropriem-se das convenções do sistema de escrita.

Ainda uma observação sobre os resultados das sondagens: os dados sugerem que os conteúdos linguísticos, caracterizados pelas homofonias, deveriam ser apresentados em palavras geradoras na parte final do programa – é o caso, por exemplo, das representações gráficas do /s/, /g/, /z/ etc. Isso pode ser justificado porque, do ponto de vista da criança, saber que a palavra berinjela é com J é uma questão mais de memória do que conceitual, ao passo que a palavra tapete apresenta famílias silábicas em torno das quais se constroem conceitos. Isso se explica pelo fato de que não há nenhuma outra sílaba igual, por exemplo, ao TA, com relação a forma e som, o que permite ao indivíduo alfabetizado escrever a referida sílaba, mesmo quando faz parte de palavras desconhecidas. Isso não ocorre com a homofonia, na qual se perde a dimensão sonora que a caracteriza; em consequência, exige-se o conhecimento e a memorização das palavras quando estas apresentam diferentes formas que representam os mesmos sons. Assim, trabalhar com as homofonias pode significar escolher um grupo de palavras – com o dígrafo CH, por exemplo – mais comuns no universo das crianças e apresentar uma a uma, na parte final do programa.

Por sua vez, a questão do letramento deve estar subjacente durante todo o programa, por meio de atividades inicialmente conduzidas e direcionadas pelo professor: é o caso da leitura, por exemplo. Mas, à medida que as crianças se apropriam da escrita – como sistema de representação simbólica, alfabética e ortográfica –, vão conquistando uma crescente autonomia, que deve ser habilmente explorada pelos professores por intermédio de atividades de leitura e escrita relacionadas com as práticas presentes no ambiente social dos alunos. Essa estratégia, de um lado, instrumentaliza as crianças com as habilidades de leitura e escrita envolvidas nas práticas de letramento; de outro, possibilita uma relação afetiva com essas respectivas práticas.

Um ponto crítico na realização desse projeto refere-se a suas repercussões na escola. Todos sabiam que algo diferente estava ocorrendo naquela sala de aula, mas durante todo o ano ninguém teve a curiosidade de conhecer o trabalho. A única exceção foi outra professora de primeira série, que, com frequência, procurava saber das atividades que estavam sendo desenvolvidas com a turma. Não me surpreendi com o comportamento das professoras, mas com a falta de interesse, ou até displicência, por parte da coordenação pedagógica e da direção da escola. Na realidade, o projeto ficou isolado na escola e só ocorreu por conta do compromisso da professora-pesquisadora. Como a escola não tem um projeto coletivizado de trabalho pedagógico e como 30% das crianças necessitavam que o trabalho tivesse continuidade, discuti com a minha orientanda a questão ética envolvida e concordamos que ela deveria continuar o trabalho, com o mesmo grupo de alunos, durante o ano seguinte.

## Uma palavra final

A principal questão que pretendi debater, na segunda parte deste trabalho, foi a necessidade da sistematização do trabalho pedagógico do professor em sala de aula, em especial o do professor alfabetizador.

No projeto apresentado, a sistematização do trabalho pedagógico concretizou-se em alguns aspectos que devem ser destacados:

- todos os conteúdos linguísticos que constituem o código utilizado na escrita das palavras da língua foram estudados, em sala de aula, com as crianças, por meio das palavras geradoras. Abranger todos os conteúdos foi um dos critérios utilizados na escolha dessas palavras. Quando esse cuidado não é tomado, o professor acaba permitindo que esse processo de apropriação ocorra por condições puramente casuais, relacionadas com a vida dos alunos. Pode-se prever que as crianças que vivem em um ambiente que propicia um contínuo e rico contato com a escrita certamente encontrarão as condições favoráveis para complementar o processo de alfabetização, às vezes mais rico que o vivenciado na escola. Mas as crianças de ambientes menos favorecidos com certeza serão as mais prejudicadas: não encontrado as condições adequadas de ensino fora da escola, ficarão mais dependentes da qualidade da mediação desenvolvida no interior da instituição;

- o planejamento de um procedimento metodológico eficiente, utilizado durante todo o programa, constitui outra condição de sistematização necessária. No caso presente, o trabalho foi baseado em uma proposta bastante conhecida, inspirada nos círculos de cultura de Paulo Freire. Nesse sentido, entendo que a aproximação inspiradora do conceito de letramento foi um diferencial positivo, pois possibilitou a contínua inserção de atividades que facilitaram o envolvimento das crianças com atividades de leitura e escrita, nas diversas fases do procedimento;
- finalmente, e não menos importante, destaco o processo de avaliação constante dos alunos, o que produziu dados que deram ao professor mais discernimento sobre os efeitos de sua mediação pedagógica, além do planejamento de intervenções saneadoras, sempre que a situação exigisse. Grande parte dos problemas que tenho observado nas escolas poderia ser minimizado se houvesse uma cultura, com relação ao processo de avaliação, voltada para uma concepção diagnóstica, sempre utilizada a favor do processo de aprendizagem do aluno.

Neste parágrafo final, só poderia retomar a principal ideia subjacente ao processo de alfabetização escolar aqui revisitado: o fator inspirador de todo o trabalho deve ser buscado no compromisso político que determina as práticas de mediação pedagógica dos professores. Quando esse compromisso estiver ausente ou tênue, devem ser criadas condições institucionais que possam produzi-lo e fortalecê-lo: condições que permitam o contínuo exercício das práticas pedagógicas desenvolvidas pelo coletivo dos docentes, no interior da escola.

# Referências bibliográficas

AMARAL, C. W. *A proposta crítica no processo de alfabetização escolar.* Projeto de pesquisa. Faculdade de Educação da Universidade Estadual de Campinas, Campinas (SP), 1997.

_____. "Alfabetizar para quê? Uma perspectiva crítica para o processo de alfabetização". In: LEITE, S. A. S. (org.) *Alfabetização e letramento – Contribuições para as práticas pedagógicas.* Campinas: Komedi, 2001.

ANDRÉ, M. E. D. F. *Etnografia na prática escolar.* Campinas: Papirus, 1995.

_____. *Estudo de caso na pesquisa e avaliação educacional.* Brasília: Líber Livro, 2005.

BRAGGIO, S. L. B. *Leitura e alfabetização. Da concepção mecânica à sociolinguística.* Porto Alegre: Artmed, 1992.

CAGLIARI, L. C. *Alfabetização e linguística.* São Paulo: Scipione, 1989.

DAMÁSIO, A. R. *O erro de Descartes. Emoção, razão e cérebro humano.* São Paulo: Companhia das Letras, 2001.

FERREIRO, E. "A representação da linguagem e o processo de alfabetização". *Cadernos de Pesquisa,* n. 52, 1985, p. 7-18.

FERREIRO, E.; TEBEROSKY, A. *Psicogênese da língua escrita.* Porto Alegre: Artmed, 1986.

FREIRE, P. *Conscientização: teoria e prática da libertação – Uma introdução ao pensamento de Paulo Freire.* São Paulo: Moraes, 1979.

_____. *Pedagogia do oprimido.* Rio de Janeiro: Paz e Terra, 1985.

GROTTA, E. C. B. *Processo de formação do leitor: relato e análise de quatro histórias de vida.* Dissertação (Mestrado em Educação) – Faculdade de Educação da Universidade Estadual de Campinas, Campinas (SP), 2000.

KLEIMAN, A. B. (org.). *Os significados do letramento.* Campinas: Mercado das Letras, 1995.

KLEIN, L. R. *Alfabetização: quem tem medo de ensinar?* São Paulo: Cortez, 1996.

KOCH, I. G. V. *Argumentação e linguagem.* São Paulo: Cortez, 1993.

KRAMER, S. *Alfabetização – Dilemas da prática*. Rio de Janeiro: Dois Pontos, 1986.

LEITE, S. A. da S. *Alfabetização – Um projeto bem-sucedido*. São Paulo: Edicon, 1982.

_____. *Alfabetização e fracasso escolar*. São Paulo: Edicon, 1988.

_____. "Alfabetização – Repensando uma prática". *Leitura: Teoria & Prática*, n. 19, 1992, p. 21-7.

LEITE, S. A. da S. (org.). *Alfabetização e letramento: contribuições para as práticas pedagógicas*. Campinas: Komedi, 2001.

_____. (org.) *Afetividade e práticas pedagógicas*. São Paulo: Casa do Psicólogo, 2006.

LEITE, S. A. da S.; COLOMBO, F. A. "A voz do sujeito como fonte primária na pesquisa qualitativa: a autoscopia e as entrevistas recorrentes". In: PIMENTA, S. G.; GHEDIN, E.; FRANCO, M. A. S. (orgs.). *Pesquisa em educação – Alternativas investigativas com objetos complexos*. São Paulo: Loyola, 2006.

LEITE, S. A. da S.; TASSONI, E. C. M. "A afetividade em sala de aula: as condições de ensino e a mediação". In: AZZI, R.; SADALLA, A. M. F. *Psicologia e formação docente: desafios e conversas*. São Paulo: Casa do Psicólogo, 2002.

LEITE, S. A. da S.; VALIM, A. M. de C. "O desenvolvimento do texto dissertativo em crianças da quarta série". *Cadernos de Pesquisa – Fundação Carlos Chagas*, n. 109, mar. 2000, p. 173-200.

LEMLE, M. *Guia teórico do alfabetizador*. São Paulo: Ática, 1997.

LOPES, H. V. "Linguagem, língua e texto: a ação humana". In: SECRETARIA DA EDUCAÇÃO DE SÃO PAULO. *O currículo e a compreensão da realidade*. São Paulo: CENP, Projeto Ipê, 1991, p. 19-30.

LUCKESI, C. C. "Avaliação educacional escolar: para além do autoritarismo". *Tecnologia Educacional*, n. 61, 1984, p. 6-15.

LUDKE, M.; ANDRÉ, M. E. D. A. *Pesquisa em educação: abordagens qualitativas*. São Paulo: EPU, 1986.

LURIA, A. R. "O desenvolvimento da escrita na criança". In: VYGOTSKY, L. S.; LURIA, A. R.; LEONTIEV, A. N. *Linguagem, desenvolvimento e aprendizagem*. São Paulo: Edusp/Ícone, 1988, p. 143-89.

MENDONÇA, O. S.; MENDONÇA, O. C. *Alfabetização – Método sociolinguístico. Consciência social, silábica e alfabética em Paulo Freire*. São Paulo: Cortez, 2007.

MINISTÉRIO DA EDUCAÇÃO. *Parâmetros Curriculares Nacionais: Língua Portuguesa*. Brasília: MEC, 1997.

MORAES, P. J de. *A alfabetização a partir de palavras geradoras*. Trabalho de Conclusão de curso, Faculdade de Educação da Unicamp, Campinas (SP), 2008.

NIDELCOFF, M. T. *Uma escola para o povo*. São Paulo: Brasiliense, 1980.

NOSELLA, M. L. C. D. *As belas mentiras – A ideologia subjacente aos textos didáticos*. São Paulo: Cortez/Moraes, 1979.

POPPOVIC, A. M. *Alfabetização – Disfunções psiconeurológicas*. São Paulo: Vetor, 1968.

POSSENTI, S. *Por que (não) ensinar gramática na escola*. Campinas: Mercado de Letras, 1996.

RIBEIRO, V. M. *Alfabetismo e atitudes*. São Paulo: Papirus/Ação Educativa, 1999.

SIRINO, M. de F. *Uma nova faceta do fracasso escolar: as crianças que passam sem saber*. Tese (Doutorado em Educação), Faculdade de Educação da Universidade Estadual de Campinas, Campinas (SP), 2008.

SMOLKA, A. L. B. *A criança na fase inicial da escrita: alfabetização no processo discursivo*. São Paulo: Cortez, 1988.

SOARES, M. B. "As muitas facetas da alfabetização". *Cadernos de Pesquisa*, n. 52, 1985, p. 19-24.

_____. *Letramento – Um tema em três gêneros*. Belo Horizonte: Ceale/Autêntica, 1998.

_____. "Letramento e alfabetização: as muitas facetas". *Anais da 26ª Reunião Anual da Andes*, 2003.

TASSONI, E. C. M. *Afetividade e produção escrita: a mediação do professor em sala de aula*. Dissertação (Mestrado em Educação), Faculdade de Educação da Universidade Estadual de Campinas, Campinas (SP), 2000.

VYGOTSKY, L. S. *A formação social da mente*. São Paulo: Martins Fontes, 1984.

_____. *Pensamento e linguagem*. São Paulo: Martins Fontes, 1993.

_____. *O desenvolvimento psicológico na infância*. São Paulo: Martins Fontes, 1998.

WALLON, H. *A evolução psicológica da criança*. Lisboa: Edições 70, 1968.

_____. *As origens do caráter na criança*. São Paulo: Difusão Europeia do Livro, 1971.

_____. *Do acto ao pensamento*. Lisboa: Moraes Editores, 1978.

WERNECK, V. R. *A ideologia na educação – Um estudo sobre a interferência da ideologia no processo educativo*. São Paulo: Vozes, 1982.

# Alfabetização e letramento: o que será que será?

*Silvia M. Gasparian Colello*

## Introdução

Entre os objetivos escolares, o ensino da língua escrita parece ser uma meta indiscutível. Tão certo quanto o consenso que paira na sociedade sobre a relevância de ensinar crianças, jovens e adultos a ler e a escrever é a evidência de que a alfabetização no sentido pleno representa ainda um desafio para o Brasil. Desafio não só porque a erradicação do analfabetismo no país, anunciada pela Constituição de 1988, ainda é uma conquista a ser feita, como também porque, nas avaliações da condição leitora da população, dos alunos e dos resultados do ensino (Saresp, Saeb, Prova Brasil,

Enem, Inaf e Pisa[1]), fica evidente a necessidade de uma ação pedagógica mais efetiva para formar sujeitos leitores e escritores.

Se, de um lado, o analfabetismo e baixo letramento são problemas que merecem ser enfrentados além dos muros escolares com políticas públicas para a promoção da qualidade de vida, da justiça social, do equilíbrio econômico, da valorização do ensino, da democratização da cultura, do acesso equitativo à educação, lazer e trabalho, de outro, é certo que a escola precisa mudar os tradicionais paradigmas que ainda hoje sustentam a prática pedagógica e, assim, buscar novas alternativas de ensino.

Nos últimos trinta anos, a emergência de estudos acerca da língua e dos processos de aprendizagem e a tradução e divulgação de outros importantes trabalhos anteriormente produzidos nessas áreas revolucionaram a compreensão que hoje temos sobre a pedagogia da alfabetização. Além disso, no mundo globalizado, marcado cada vez mais pela emergência das tecnologias de comunicação, a escrita vai aparecendo em novos meios e ocupando usos inéditos na esfera pública, interferindo de modo diferenciado nos espaços sociais e nas relações entre as pessoas. Por vias dialéticas, o homem apela para a escrita e o mundo da escrita apela para o homem, formando um vínculo de interconstituição entre o sujeito e a esfera sociocultural. Estar fora desse "jogo" é, em diferentes ní-

---

1. Sistema de Avaliação de Rendimento Escolar (Saresp) – http://avaliacoes.educacao.sp.gov.br; Sistema de Avaliação da Educação Básica (Saeb) – http://www.inep.gov.br/; Prova Brasil: http://www.inep.gov.br/; Exame Nacional do Ensino Médio (Enem) – http://www.enem.inep.gov.br/; Índice Nacional de Alfabetismo Funcional (Inaf) – http://www.acaoeducativa.org.br; Programa Internacional de Avaliação de Alunos (Pisa): http://www.inep.gov.br/.

veis, sofrer os processos de exclusão social, submetendo-se aos esquemas de discriminação e marginalidade.

Por isso, mais do que garantir aos docentes certa apropriação metodológica (o *savoir-faire* em sala de aula), a construção de uma nova escola parece depender da reorientação do ensino em prol da formação de sujeitos leitores e escritores no contexto da sociedade letrada. Investindo em projetos educacionais que possam romper com a dicotomia entre a teoria e a prática, cumpre articular concepções de língua e projeto de ensino, compreensão dos mecanismos de aprendizagem e frentes do trabalho pedagógico, práticas escolares e atendimento às diversidades linguísticas ou socioculturais.

Partindo de questões amplas, e aparentemente óbvias, este texto pretende contribuir para a consolidação de um debate sobre alfabetização e letramento a fim de ampliar a compreensão sobre o ensino da língua escrita. Afinal, o que ensinamos quando ensinamos a ler e a escrever? Como se aprende e como se ensina a ler e a escrever?

## O que ensinamos quando ensinamos a ler e a escrever?

O ensino da língua escrita abarca uma infinidade de saberes, habilidades, procedimentos e atitudes que se constroem em longo prazo pela possibilidade de, entre tantas coisas, conhecer letras e expressar sentimentos, decodificar sinais e interpretar o mundo, selecionar informações e articular ideias, escrever palavras e se relacionar com o outro, conhecer as arbitrariedades do sistema e aprimorar esquemas de organização do pensamento, desenhar traçados convencionais e recriar as dimensões humanas de tempo e espaço, respeitar normas e constituir-se como sujeito autor, adestrar os olhos e viajar por meio da leitura, dominar a mão e usufruir o direito à palavra. Das mais pontuais e mecânicas às mais abstratas e existenciais, todas essas aquisições merecem ser discutidas não pelo mérito que têm em si, mas pelo que o seu conjunto pode representar ao sujeito e à sociedade.

Por isso, ao considerar a escrita simultaneamente objeto cultural e conteúdo escolar, importa, em primeiro lugar, situar o sentido social do processo alfabetizador tomado pela relação entre a alfabetização e o letramento. A novidade dos conceitos aí implicados e a polêmica dessa relação requerem, por sua vez, uma reflexão mais sistematizada sobre os seus méritos e riscos para que se possa, finalmente, considerar o ensino da escrita.

## O sentido do processo alfabetizador

> [...] a democratização da leitura e da escrita veio acompanhada de uma incapacidade radical de torná-la efetiva: criamos uma escola pública obrigatória precisamente para dar acesso aos inegáveis bens do saber contidos nas bibliotecas, para formar o cidadão consciente de seus direitos e de suas obrigações, mas a escola ainda não se afastou totalmente da antiga tradição: continua tentando ensinar uma técnica. (Ferreiro, 2002, p. 13)

São diferentes os modos de entender a língua escrita: ou ela se configura como um simples código, compreendido pela relação entre letras e sons, ou aparece em estreito vínculo com as práticas sociais, como exercício comunicativo entre interlocutores, gerada em contextos de produção específicos e com funções claramente definidas, o que dá sentido à sua natureza linguística, à sua aprendizagem e à sua manifestação espontânea e motivada.

De maneira curiosa (mas não por acaso), essa cisão não aparece na esfera social, onde a linguagem, viva e dinâmica nas mais diversas modalidades, circula em perpétuo processo de criação e recriação, mas justamente na escola, onde há o compromisso formal de ensinar a ler e a escrever. Por isso mesmo é sempre bom lembrar que

> [...] é claro que estar "alfabetizado para continuar no circuito escolar" não garante estar alfabetizado para a vida cidadã. As melhores pesquisas europeias distinguem cuidadosamente parâmetros como: alfabetizado para a rua, alfabetizado para o jornal, alfabetizado para livros informativos, alfabetizado para a literatura (clássica ou contemporânea) etc. A essa lista temos de agregar agora: alfabetizado para o computador e para a internet.
> Isso implica reconhecer que a alfabetização escolar, por um lado, e a alfabetização necessária para a vida cidadã, para o trabalho progressivamente automatizado e para o uso do tempo livre, por outro, são coisas independentes. (Ferreiro, 2002, p. 17)

Com ênfase na primeira concepção, a escola tradicional[2] ainda

---

2. No ensino tradicional, tanto os métodos sintéticos (que vão da parte para o todo), como nos analíticos (que vão do todo para a parte), e mesmo naqueles denominados ecléticos (que propõem a alternância todo e partes), a prioridade é tornar compreensível o código e, para tanto, as fórmulas encontradas acabam por artificializar a língua. Exemplos disso são as práticas de soletração e silabação que se desenvolvem com base em palavras estrategicamente esco-

hoje funciona com base em um ensino mecânico, artificial e tarefeiro que, na melhor hipótese, adia por muitos anos a possibilidade de o aprendiz escrever o próprio texto e, na pior, acaba engrossando a realidade do fracasso escolar (Colello, 2007; Góes e Smolka, 1995; Rocha e Val, 2003; Zaccur, 1999). Para que o aluno possa dominar o código, prevalecem, nas séries iniciais, os exercícios de discriminação perceptiva, coordenação motora e a reprodução passiva como a cópia de letras, sílabas e palavras. Mais tarde, a atenção se concentra na assimilação de regras gramaticais, sintáticas e interpretação fechada de textos, sem que o sujeito possa necessariamente reconhecer nessas tarefas a própria língua ou a possibilidade de uso nas suas práticas sociais.

Pensando nas consequências desse ensino para a constituição do fracasso escolar, vale lembrar a crítica mordaz à escola feita por Paulo Leminski (1985):

> [...] de todos os métodos para torturar crianças, nenhum se compara ao método chamado "escola". [...] Uma das torturas mais requintadas usadas nessas tais "escolas" é a chamada "análise sintática", nome inocente para disfarçar um dos tormentos mais sofisticados que a doentia mente humana foi capaz de inventar. Basta dizer que na tal "análise sintática", diante de uma frase, uma criança tem que adivinhar quem é o sujeito, quem é o predicado, quem é o objeto, não necessariamente nessa ordem, é claro. Adivinhar é uma brincadeira divertida. Mas não no caso da "aná-

---

lhidas ("papa", "babá", "bebê"), ou em frases construídas para fins puramente didáticos, isto é, desconectadas de um contexto de significado ("o boi bebe e baba", "a foca toma coca", "a foca tá no toco").

lise sintática". Se você adivinhar errado, reprova, e vai ter que fazer, de novo, aquele ano inteirinho, tentando adivinhar quem é o sujeito, quem é o objeto, quem é o predicado. Depois de reprovar uma, duas, três, quatro vezes, a criança desiste e prefere ser trombadinha, surfista ou cabo eleitoral de Jânio Quadros, qualquer coisa, menos sujeito, predicado ou objeto.

Na década de 1960, Paulo Freire foi o primeiro a denunciar as práticas do ensino alienantes da "educação bancária" (aquela em que, nos alunos, professores depositam conhecimentos, ou destes os sacam), inaugurando uma concepção libertadora de aprendizagem, marcada pela consciência e pela possibilidade de transformar o mundo. Nesta concepção, alfabetizar é garantir o direito de voz e ampliar os recursos de reflexão, razões pelas quais o ensino da escrita não se encerra no desenho da palavra, mas no seu significado.

[...] a leitura do mundo precede sempre a leitura da palavra e a leitura desta implica a continuidade da leitura daquele. [...] De alguma maneira, porém, podemos ir mais longe e dizer que a leitura da palavra não é apenas precedida pela leitura do mundo, mas por uma certa forma de "escrevê-lo" ou de "reescrevê-lo", quer dizer, de transformá-lo através de nossa prática consciente. (Freire, 1983, p. 22)

O que significa tal postura na prática pedagógica? Significa superar o ensino da escrita como código e promovê-lo à condição de diálogo, assumindo o seu caráter político. Para isso, o mestre Paulo Freire propunha, em vez de aulas, "Círculos de Cultura", encontros centrados na compreensão da realidade e no processo de politização. Em um contexto interlocutivo, o ensino partia de palavras geradoras colhidas no mundo dos alfabetizandos (por exemplo, "tijolo" para alunos que trabalhavam na construção civil), e evoluía na forma de verdadeiros temas geradores em prol da reflexão e da conscientização. A descoberta da escrita e o avanço capaz de torná-la algo do próprio sujeito estavam atrelados ao processo de formação do espírito crítico.

> [...] sempre vi a alfabetização de adultos como um ato político e um ato de conhecimento, por isso mesmo, como um ato criador. Para mim seria impossível engajar-me num trabalho de memorização mecânica dos ba-be-bi-bo-bu, dos la-le-li-lo-lu. Daí que também não pudesse reduzir a alfabetização ao ensino puro da palavra, das sílabas ou das letras. (Freire, 1983, p. 21)

Essas palavras apontam para a pedagogia defendida por Paulo Freire, fundada no sujeito e voltada para o mundo. Pela primeira vez no Brasil, o ensino da escrita, metódico e sistemático, rompeu com as barreiras entre a escola e a vida.

Reconhecendo a pertinência dos postulados de Paulo Freire, Street publicou, vinte anos mais tarde, aquela que seria uma das obras fundamentais para os estudos sobre letramento, *Literacy in theory and practice* (1984). Nela, o autor distingue os modelos autônomo e ideológico de letramento. O primeiro diz respeito à interpretação, tão comum na escola, da escrita como um sistema independente e completo em si mesmo, compreensível pela lógica intrínseca do texto. A escrita, supervalorizada, reveste-se de um *status* indiscutível e se explica pela interpretação única do "preto no branco", isto é, aquilo que foi registrado no papel. Como a escrita é concebida como um modelo estático e confundida com a própria norma culta, a responsabilidade pela (eventual) não aprendizagem acaba recaindo nos alunos, tidos como "incapazes" ou "carentes".

De modo diverso, o modelo ideológico admite que a escrita não pode ser dissociada de seu contexto sócio-histórico de produção e interpretação, assumindo significados variados em diferentes contextos. É nas práticas sociais que a linguagem ganha sentido, assume valores e é reconhecida, o que põe em evidência as estruturas de poder da sociedade. Assim, o letramento traz consigo uma natureza ideológica que merece ser considerada tanto na esfera social como nas práticas escolares. O desprezo a essa natureza é evidente em nossa sociedade quando se desvalorizam grupos sociais com diferentes práticas de escrita. Em abordagens etnocêntricas, que ignoram as relações específicas da escrita com dada cultura, tende-se a considerar mais evoluídas as civilizações que se aproximam de nossas práticas. De modo semelhante, as atividades escolares tendem a favorecer as crianças oriundas de famílias cujo grau de letramento se aproxima das metas docentes, condenando-se as demais ao isolamento e fracasso. Em ambos os casos – a dimensão social ou a individual vivida no âmbito escolar –, parece que o mais difícil é lidar com a diversidade, compreender a lógica do outro, seu modo de usar e valorizar a escrita. E, no caso da escola, a incompreensão do outro gera a incapacidade de mediar conhecimentos, tornando-os desejáveis e compreensíveis. Consubstancia-se aí a lógica da exclusão que, não por acaso, incide principalmente sobre as classes menos favorecidas.

Na contraposição entre os referidos modelos autônomo e ideológico, abre-se a perspectiva para a revisão das práticas alfabetizadoras e para os estudos sobre o letramento.

No Brasil, o termo "letramento" aparece de modo mais sistemático a partir dos anos 1990, resultado de uma década de efervescência no plano social, político e educacional. A esse respeito, vale lembrar Soares (1998, 2003), para quem novos fenômenos fazem surgir a necessidade de novas palavras que possam explicá-los.

Em função do processo de abertura política dos anos 1980, as demandas sociais e econômicas clamavam por um sujeito que pudesse usar seus conhecimentos linguísticos em prol do trabalho e da vida social (Soares, 1998). É também nesse período que muitos cursos de formação de professores, programas de pós-graduação e pesquisas acadêmicas ganham força, subsidiando práticas de revisão do ensino. No estado de São Paulo, a implantação do Ciclo Básico de Alfabetização, em 1983, é um exemplo das medidas desencadeadas por e desencadeadoras de novas tendências para lidar com a alfabetização e com a reestruturação das séries iniciais (Mortatti, 2004). No contexto dessa medida, admitir a alfabetização como processo que se dá em longo prazo em dependência dos processos cognitivos do aprendiz (e não como resultado necessário de uma metodologia aplicada no período restrito da primeira série escolar) é um salto qualitativo no plano do ensino – que, nessa época, não mais poderia conviver com o drama da reprovação maciça no início da escolaridade.

Ao lado disso, embora a curva do analfabetismo no Brasil fosse decrescente, passando de 64% entre a população de 15 anos ou mais, na década de 1920, para 25,5% em 1980[3], é só a partir daí que se registra a diminuição do número absoluto de analfabetos. De fato, se, durante muitos anos, o alto índice de analfabetismo

---

3. Dados do Instituto Brasileiro de Geografia e Estatística (IBGE).

consistia na maior preocupação, nos anos 1980, fomos obrigados a considerar a realidade daqueles que supostamente aprenderam a ler e a escrever. Para estes, o manejo limitado da língua escrita é igualmente fator de exclusão, razão pela qual o baixo letramento, assim como o analfabetismo, configura-se como vilão do mundo moderno, uma realidade que não interessa nem mesmo à sociedade capitalista. É bem verdade que no Brasil a prática de manipulação do analfabeto ou semialfabetizado tem feito parte dos jogos políticos, como no caso dos "currais eleitorais", mas no final do século XX fica evidente que a sociedade como um todo perde com o baixo letramento. Foi-se o tempo em que se colocava em questão a vontade do sistema político de promover o ensino de qualidade; nos últimos anos, não há dúvida de que a erradicação do analfabetismo é uma meta de fato desejada por todos, o que não significa que essa meta esteja afinada com os ideais libertadores proclamados por Paulo Freire, conforme veremos adiante.

Assim como ocorreu em outros países, a nova realidade sociocultural, político-econômica e educacional trouxe a necessidade de repensar o processo de alfabetização. Definitivamente, o mundo parece exigir mais do que o mero domínio do código alfabético. Por isso, mais do que estar alfabetizado, importa saber o que o sujeito pode fazer com o conhecimento sobre a língua. Essa preocupação acaba por relativizar a dicotomia "alfabetizado *versus* analfabeto", que antes parecia indiscutível.

> De fato, ainda é preciso aprender a ler e escrever, mas a alfabetização, entendida como aquisição de habilidades de mera decodificação e codificação da linguagem escrita e as correspondentes dicotomias analfabetismo X alfabetização e analfabeto X alfabeti-

zado não bastam mais. É preciso, hoje, também saber utilizar a leitura e a escrita de acordo com as contínuas exigências sociais, e esse algo mais é o que se vem designando "letramento". (Mortatti, 2004, p. 34).

Vinculada à compreensão de alfabetização, a emergência do novo termo não garantiu, contudo, um consenso entre os estudiosos nem no que diz respeito à sua definição, nem no que tange à sua legitimidade. Desde que foi utilizado pela primeira vez por Mary Kato (1986), para se referir às metas cognitivas e sociais do trabalho escolar, o termo tem assumido diferentes conotações.

Para Tfouni (1995), enquanto "alfabetização" diz respeito à aquisição da escrita por uma ou mais pessoas, "letramento" remete aos aspectos sócio-históricos dessa aquisição em uma sociedade.

Kleiman (1995), por sua vez, apoiada nos estudos de Scribner e Cole, ressalta o impacto social da escrita, diferenciado dos estudos sobre a alfabetização propriamente dita: letramento é "o conjunto de práticas sociais que usam a escrita enquanto sistema simbólico e enquanto tecnologia em contextos específicos"; alfabetização, como prática escolar, é um dos referenciais (até o mais valorizado), mas não o único.

Finalmente, Soares, percebendo a sobreposição de ambos os conceitos e sentindo necessidade de precisar a especificidade do alfabetizar e a relevância do processo de letramento, propõe as seguintes definições: "Alfabetização é o processo pelo qual se adquire o domínio de um código e das habilidades de utilizá-lo para ler e para escrever, ou seja: o domínio da tecnologia – do conjunto de técnicas – para exercer a arte e ciência da escrita" (2003, p. 91). "Letramento é, pois, o resultado da ação de ensinar ou de aprender a ler e escrever: o estado ou a condição que adquire um grupo social ou um indivíduo como consequência de ter-se apropriado da escrita." (Soares, 1998, p. 18).

Ao mesmo tempo que proclama a interdependência e indissociabilidade entre ambas as concepções, a autora defende suas diferentes naturezas, marcadas pela oposição entre conhecer o código e ser capaz de usá-lo, o que, no contexto social, garante certo *status* ao indivíduo. Assim, fica evidente a fluidez do conceito "letramento", que se caracteriza como um *continuum* de habilidades e conhecimentos nunca tendo à estaca zero, já que a própria convivência social garante aos sujeitos determinada compreensão da escrita e de suas funções. O *continuum* é também variável em diferentes sociedades conforme se constituam as suas práticas específicas de uso da escrita. Diversamente, o conceito de alfabetização favorece critérios que comportam uma caracterização dicotômica (alfabetizado/analfabeto) nos moldes das pesquisas censitárias, como é o caso do IBGE ou da Unesco (Soares, 2003).

A relação entre alfabetização e letramento deixa mais evidentes as variações possíveis dos graus de competência: 1) o alfabetizado letrado como aquele que conhece o sistema e é capaz de usá-lo com competência; 2) o analfabeto pouco letrado que se vê limitado em ambos os quesitos; 3) o analfabeto letrado que, embora incapaz de ler e escrever, tem razoável compreensão da língua escrita (por exemplo, reconhecendo a sua forma mais típica em oposição à oralidade ou ainda lidando com as suas funções e suportes, como é o caso de um analfabeto que dita uma carta ou sabe em qual caderno do jornal vai encontrar as informações sobre esporte); e 4) o alfabetizado pouco letrado, condição típica do sujeito que, mesmo conhecendo o código da escrita, mostra-se inábil no manejo de suas práticas. Esse é, por exemplo, o caso do aluno que, tendo se alfabetizado na escola, usa a escrita para fins estritamente pedagógicos, vislumbrando poucas possibilidades funcionais de uso em práticas sociais de lazer ou de trabalho.

Reagindo contra a distinção entre alfabetização e letramento, Ferreiro (2001b) prefere defender o conceito de "alfabetização" em sua compreensão mais ampla: a aprendizagem da língua escrita como um processo longo, precoce, complexo e indivisível. Processo longo porque, como práticas de produção e interpretação cada vez mais ajustados aos propósitos sociais e gêneros linguísticos (e não mais como simples associação de letras ou sílabas), as habilidades de leitura e escrita dependem de recursos cognitivos e criativos que emergem da experiência com a língua em longo prazo, na forma de permanente descoberta, razão pela qual não mais podemos pensar a aprendizagem da escrita fixada no primeiro ano de escolaridade. É também um processo precoce porque a compreensão da escrita inicia-se muito cedo (Ferreiro e Teberosky, 1986; Ferreiro, 1986a, 1986b); convivendo com atividades de "lectoescrita"[4] própria de seu mundo, a criança, mesmo antes de entrar na escola, vai progressivamente se apropriando desse objeto cultural como um todo: suas funções e características, as marcas convencionais (letras, acentos e sinais de pontuação), e os meios em que a escrita costuma aparecer (por exemplo, jornais livros e revistas, mas também produções personalizadas, como bi-

---

4. Refiro-me, aqui, aos eventos cotidianos de leitura e escrita. O termo "lectoescrita", trazido ao Brasil na década de 1980 e popularizado pelas primeiras traduções dos trabalhos de Emilia Ferreiro e colaboradores, já consta do *Dicionário de alfabetização* de Harris e Hodges.

lhetes, listas de compras etc.). Trata-se de um processo complexo porque a aprendizagem da escrita depende de operações cognitivas individuais que se constroem por diferentes caminhos em "vias de indagação/problematização/inquietação/questionamento" vividas pelo sujeito (e não como consequência inevitável da aplicação de um método). São processos singulares que podem ser compreendidos pelo paradigma da psicogênese. É por fim um processo indivisível porque não se pode nem fracionar o ensino (trazendo primeiro as vogais e, depois, respectivamente, as consoantes, sílabas e palavras) nem separar o momento de aprender e o momento de fazer uso da aprendizagem.

Corroboram o posicionamento de Ferreiro os experimentos que evidenciam como a criança é capaz de se preocupar com os múltiplos aspectos da língua, comportando-se desde o início como usuária e aprendiz. Esse é, por exemplo, o caso de Pedro (5 anos e 9 meses) e Clara (5 anos e 7 meses)[5], que, ao tentar escrever uma lista de bagagem para uma viagem, preocupam-se simultaneamente com o que levar ("uma pasta de dente é suficiente para 2 pessoas em 3 dias"; "se levar 3 shorts, dá para levar 6 camisetas para colocar junto"; "se levar sunga para o menino, tem que levar biquíni para a menina") e como escrever (para escrever "protetor solar", Clara não sabia exatamente onde colocar o "R" e, depois de muito pensar, acabou por registrar "qortsolar"). O episódio evidencia que é justamente a adesão ao propósito social da tarefa (o esforço para ajustar a lista de modo qualitativa e quantitativamente equilibrado, econômico e capaz de contemplar as necessi-

---

5. Exemplo do *corpus* de pesquisa de Andrea Luize (2007), coletado em situações de escrita com o acompanhamento e gravação do processo de escrever.

dades de ambos os sexos) que justifica o esforço de escrever o mais corretamente possível. Com uma postura de comprometimento em face da tarefa escrita, os procedimentos de diferentes naturezas ressaltam como até mesmo os alunos menos experientes podem ser, ao mesmo tempo, aprendizes e usuários do sistema.

Por tudo isso, na escola, ensinar a ler e escrever é intensificar a inserção do aluno no contexto da cultura escrita, promovendo de maneira sistemática atividades que possam favorecer o seu processo de construção cognitiva, de tal modo que, desde o início, ele tenha de, simultaneamente, lidar com os aspectos notacionais (como se escreve) e discursivos (para quem ou para quê se escreve) da língua.

As concepções assumidas por Magda Soares e Emilia Ferreiro instituíram uma polêmica que se explica pelas diferentes compreensões sobre o grau de amplitude da alfabetização. A primeira reconhece a dimensão social da escrita, mas está preocupada em garantir a especificidade do ensino desta; a segunda quer assegurar a compreensão ampla e integrada do processo de aquisição da língua escrita. Para Soares, alfabetização e letramento são processos diferentes, embora interdependentes e indissociáveis; para Ferreiro, a compreensão atribuída a esses dois termos faz parte de uma dimensão única. É o que se pode notar nos respectivos excertos que se seguem:

> Não parece apropriado, nem etimológica nem pedagogicamente, que o termo alfabetização designe tanto o processo de *aquisição* da escrita quanto o de seu *desenvolvimento*: etimologicamente, o termo "alfabetização" não ultrapassa o significado de "levar à aquisição do alfabeto", ou seja, ensinar o código da língua escrita, ensinar as habilidades de ler e escrever; pedagogicamente, atribuir um

significado muito amplo ao processo de alfabetização seria negar-
-lhe a especificidade, com reflexos indesejáveis na caracterização
de sua natureza, na configuração das habilidades básicas de leitura
e escrita, na definição da competência de alfabetizar.
Toma-se, por isso, aqui, alfabetização em seu sentido próprio,
específico: processo de aquisição do código escrito, das habilidades de leitura e escrita. (Soares, 2003, p. 15 – grifos originais)

Há algum tempo, descobriram no Brasil que se poderia usar a
expressão letramento. E o que aconteceu com a alfabetização?
Virou sinônimo de decodificação. Letramento passou a ser o estar em contato com distintos tipos de texto, e compreender o
que se lê. Isso é um retrocesso. Eu me nego a aceitar um período
de decodificação prévio àquele em que se passa a perceber a função social do texto. Acreditar nisso é dar razão à velha consciência fonológica. (Ferreiro, 2003, p. 30)

Com base nas passagens acima, o que fica evidente é que, enquanto Emilia Ferreiro aposta na mudança do tradicional conceito de alfabetização (uma empreitada levada a cabo já há quase trinta anos pelas pesquisas lideradas pela autora e pelas práticas pedagógicas nelas subsidiadas), atribuindo a ele uma dimensão mais ampla de usos e funções sociais, Magda Soares, sentindo o esgotamento teórico e prático do termo em função das novas configurações da sociedade e da educação, prefere investir no conceito de letramento como recurso para garantir o sentido da aquisição da escrita e a especificidade do ensino desta.

A adesão unilateral a uma dessas posturas seria leviana se não pudesse contemplar os méritos e riscos embutidos na emergência do conceito de letramento. É exatamente na avaliação deles que se pode lograr a compreensão da escrita como objeto de ensino e, assim, colher os benefícios desse embate acadêmico.

## Letramento e alfabetização: méritos e riscos

Entre os méritos do conceito de letramento, é preciso reconhecer:

*A ampliação do significado do aprender a ler e a escrever*
Em oposição às práticas tradicionais de ensino, a compreensão do letramento chama a atenção dos educadores para a dimensão social dessa aprendizagem e para a natureza das competências leitoras e escritoras, abrindo novas perspectivas para lidar com a alfabetização e o analfabetismo no país. Quando se admite que as pessoas possam cultivar os hábitos de leitura e escrita e responder aos apelos da cultura grafocêntrica, podendo inserir-se criticamente na sociedade, a alfabetização deixa de ser uma questão estritamente pedagógica para alçar-se à esfera política (Colello, 2004; Soares, 2003). Se é verdade que essa compreensão já estava posta nos ensinamentos de Paulo Freire e Emilia Ferreiro, é igualmente verdadeiro que os estudos sobre o letramento contribuíram para a ressignificação da língua e do seu ensino, que não mais pode se concretizar por meio de práticas pedagógicas mecânicas, artificiais e descontextualizadas. A esse respeito, é interessante notar como a própria Emilia Ferreiro (2007, p. 79), que rechaça com veemência o termo "letramento", recorre a ele, reconhecendo a sua "comodidade" para fazer referência à língua na sua ampla possibilidade de interpretar e produzir sentidos e ao conhecimento necessário para as práticas sociais letradas:

Em espanhol não existe um termo equivalente ao inglês "literacy", que é particularmente cômodo para falar de algo que envolve mais que aprender a produzir marcas, porque é produzir língua escrita; algo que é mais que decifrar marcas feitas por outros, porque é também interpretar mensagens de diferentes tipos e de diferentes graus de complexidade; algo que também supõe conhecimento acerca deste objeto – a língua escrita –, que se apresenta em uma multiplicidade de usos sociais.

*A reconsideração das metas e ênfases no ensino da escrita*
Tradicionalmente, a alfabetização tem sido vista como um bem em si mesma, o que parece justificado no contexto da sociedade grafocêntrica. No entanto, embora ler e escrever sejam habilidades imprescindíveis para a inserção na nossa cultura, é preciso questionar o uso que se faz da escrita. Trata-se evidentemente de uma aquisição que pode estar a serviço da libertação ou da massificação e opressão do sujeito. Assim,

[...] cabe-nos colaborar na descoberta de soluções para o combate ao precário acesso que o povo brasileiro vem tendo à leitura e à escrita, mas soluções que realmente levem à inserção na cultura letrada, pois as soluções que têm sido propostas, tanto as soluções escolares quanto as soluções adotadas em movimentos de alfabetização de adultos, na verdade frequentemente camuflam, sob o pretenso "alfabetizado", aquele que, embora tenha aprendido a ler e a escrever, não se apropriou verdadeiramente da leitura e da escrita como bem simbólico de uso político, social e cultural, não se integrou realmente na cultura letrada: ao povo tem-se permitido que aprenda a ler e a escrever, não se lhe tem permitido que se torne leitor e produtor de textos.

E isso porque a introdução tanto da criança quanto do adulto no mundo da escrita vem-se fazendo, quase sempre, mais para controlar, regular o exercício da cidadania, que para liberar para esse exercício. (Soares, 2003, p. 59)

Em síntese, estreitamente vinculados à compreensão do que seja de maneira efetiva a aprendizagem da escrita, os estudos sobre o letramento favoreceram a visão crítica sobre as metas do ensino e a necessidade de reconduzir as práticas pedagógicas para uma abordagem contextualizada em propósitos sociais bem definidos, visando um posicionamento crítico e politicamente situado.

*A revisão do papel da escola e do conceito de educação*
Para além do que o conceito de letramento trouxe especificamente para a compreensão da escrita como objeto do conhecimento e dos processos de ensino da língua escrita, a sua emergência significou também a possibilidade de se considerar mais profundamente as relações entre a escola, o ensino e a cultura, redimensionando o entendimento do papel da escola e do próprio processo educacional. Definitivamente, o que hoje se coloca como desafio aos educadores é romper as barreiras que separam a escola do mundo e a aprendizagem sistematizada da vida cotidiana (Colello, 2007).

*A compreensão do quadro da sociedade leitora no Brasil*
Os estudos sobre o letramento nos permitem vislumbrar a realidade da condição leitora no país porque, ao lado do índice de 7% de analfabetismo, somos obrigados a levar em conta o grau de baixo letramento da população brasileira, o que evidencia ainda

mais a precariedade da nossa condição: 32% de analfabetos funcionais. As pesquisas do Inaf sobre o índice de alfabetismo no país indicam que apenas cerca de um quarto da população se situa no nível de "alfabetismo pleno" (aquele que é capaz de ler textos longos com autonomia, interpretando-os e relacionando-os de modo competente e sendo capaz de, com base na leitura, fazer inferências ou sínteses), uma tendência que só nos últimos anos teve discreta ascensão (de 26% para 28%). O mais surpreendente é constatar que a tendência do baixo letramento prevalece entre a população escolarizada. De fato, embora o grau de letramento seja maior entre aqueles que tiveram acesso ao Ensino Fundamental e médio, a maioria deles permanece na zona de alfabetismo "rudimentar" ou "básico", registrando-se apenas 20% de "alfabetismo pleno" para concluintes do Ensino Fundamental e 47% para o Ensino Médio[6].

*A reconsideração do fracasso escolar*
Em decorrência dos aspectos anteriormente arrolados, a concepção sobre o processo de alfabetização no seu sentido social mais amplo ajudou a compreender o fracasso escolar, tradicionalmente atribuído a dificuldades específicas dos alunos, como carência, subnutrição ou desestruturação familiar (Colello, 2004, 2007). Para novas formas de interpretação do fracasso escolar importa compreender, em primeiro lugar, que alunos oriundos de diferentes contextos letrados podem ter diferentes trajetórias na escola. Em face da sistemática intervenção escolar da alfabetização,

---

6. Dados do Inaf disponíveis em: <http://www.acaoeducativa.org.br/portal/images/stories/pdfs/inafresultados2007.pdf>. Acesso em: 24 maio 2009.

o caminho dos que tiveram mais experiências de "lectoescrita" parece ser mais fácil e curto do que aqueles que tiveram menos oportunidades de lidar com a escrita no dia a dia. Mais uma evidência de que a escola pouco está preparada para lidar com a diversidade!

Em segundo lugar, é possível constatar certo grau de rejeição às atividades escolares porque, em função do modo como a escrita aparece nas situações de ensino (não raro marcada pelo artificialismo didático e pela inflexibilidade linguística pautada pelos paradigmas da norma culta), várias vezes discriminando outros modos de produção (os regionalismos e as formulações mais coloquiais), muitos alunos não reconhecem nas tarefas a sua língua nem a razão para se dedicar aos incompreensíveis exercícios de cópia, soletração e silabação (Colello, 2004, 2007; Silva e Colello, 2003). Afinal, quem pode se interessar pela "lição do ba-be-bi"?

Finalmente, compreendendo que a aquisição da escrita traz implícita uma proposta de inserção social nos meios letrados, podemos, em terceiro lugar, supor uma resistência social para aprender a ler e escrever (Kleiman, 1995, 2001). O fenômeno do "analfabetismo de resistência" está relacionado com uma "lógica" do analfabeto ainda pouco compreendida pelos educadores. Como a alfabetização não é a aquisição neutra de um conjunto de regras, mas implica a aceitação de pressupostos e valores de um mundo que não é o seu, é como se a aprendizagem das letras fosse uma traição às origens socioculturais dos contextos menos letrados. Vem daí

> [...] o temor de perder suas raízes (sua história e referencial); o medo de abalar a primazia até então concedida à oralidade (sua

mais típica forma de expressão), o receio de trair seus pares com o ingresso no mundo letrado e a insegurança na conquista da nova identidade (como "aluno bem-sucedido" ou como "sujeito alfabetizado" em uma cultura grafocêntrica altamente competitiva. (Colello, 2004, p. 117)

Enfim, para compreender o "analfabetismo de resistência", é preciso captar o ponto de vista do analfabeto no hipotético questionamento: "Se eu aprender a ler e escrever, como posso pertencer ao meu lugar? Como encarar os meus iguais que não tiveram as mesmas oportunidades? Como lidar com a distância inevitável que vai me separar das pessoas do meu mundo? Como abandonar a minha fala e o meu modo de ser? Como lidar com as exigências e os valores de um novo mundo que não é o meu?"

*A reconsideração do trânsito do homem na complexidade do mundo letrado*
Em decorrência das pesquisas sobre letramento, diversos outros estudos foram surgindo em várias áreas do conhecimento. Estudos que acabaram por nortear novas linhas de pesquisa e de intervenção pedagógica ou de políticas de cultura e educação. Mais uma vez, fica evidente que o conceito de letramento ampliou a visibilidade para fenômenos específicos que puderam ser delineados em suas práticas e necessidades específicas. Em outras palavras, é possível dizer que a compreensão do "letramento" possibilitou a abordagem de "letramentos", isto é, o entendimento das inúmeras práticas sociais e dos diversos eventos do universo letrado. Como um campo novo de abordagens e estudos, a consideração dos letramentos já vem sendo assumida por vários auto-

res estrangeiros[7]. No Brasil, o livro publicado por Roxane Rojo, *Letramentos múltiplos: Escola e inclusão social* (2009) é um marco que vem situar a necessidade de reconhecer a dimensão plural do fenômeno. No conjunto dos estudos, é possível distinguir hoje pelo menos cinco diferentes formas de compreender as práticas ou instâncias de letramento que justificam a sua abordagem na condição plural – letramentos –, embora nem sempre independentes entre si.

Em primeiro lugar, é possível enfocar os âmbitos de ocorrência, como o caso dos estudos que analisam as relações entre o "letramento social" e o "letramento escolar". Se é verdade que a escola promove a aprendizagem da escrita, é igualmente verdadeiro que as intervenções pedagógicas fazem mais que isso: elas favo-

---

7. Organizada por Magda Soares, a relação das obras publicadas no exterior referindo-se a "letramentos" é uma interessante amostra dessa tendência: BARTON, D.; HAMILTON, M. *Local literacies: reading and writing in one community*. Londres/Nova York: Routledge, 1998. BARTON, D.; HAMILTON, M.; IVANIC, R. (orgs.). *Situated literacies: reading and writing in context*. Londres/Nova York: Routledge, 2000. COLLINS, J.; BLOT, R. K. *Literacy and literacies: texts, power, and identity*. Cambridge: Cambridge University Press, 2003. COPE, B.; KALANTZIS, M. *Multiliteracies: literacy learning and the design of social futures*. Londres/Nova York: Routledge, 2000. GEE, J. P. *Social linguistics and literacies: ideology in discourses*. Londres: Taylor Francis, 1996. GREGORY, E.; WILLIAMS, A. *City literacies: learning to read across generations and cultures*. Londres/Nova York: Routledge, 2000. LANKSHEAR, C. *Changing literacies*. Buckingham: Open University Press, 1997. LANKSHEAR, C.; KNOBEL, M. *New literacies: changing knowledge and classroom learning*. Buckingham: Open University Press, 2003. MUSPRATT, S.; LUKE, A.; FREEBODY, G. (orgs.). *Constructing critical literacies: teaching and learning textual practice*. Cresskill: Hampton Press, 1997.

recem experiências diferentes do letramento social, mas que, da mesma forma, não se confundem com a estrita aprendizagem da língua (Soares, 1998, 2003). Entender esses âmbitos de abordagem significa aprofundar a compreensão do fazer escolar, podendo estabelecer relações deste com o aprendizado informal de uso da escrita no contexto da sociedade; significa também valorizar o trabalho escolar, sobretudo onde ele costuma ser menos visível.

Em segundo lugar, é possível fazer referência a dimensões específicas de uma dada realidade como as práticas de letramento em grupos sociais histórica ou espacialmente situados: o "letramento na sociedade brasileira no início do século XX" ou o "letramento nas comunidades operárias da periferia de São Paulo". Sem dúvida alguma, essas diferentes nuanças permitem compreender a própria fluidez do termo em função dos contextos sócio-históricos do uso da escrita.

Em terceiro lugar, considerando a valoração que as práticas de letramento assumem no contexto da nossa sociedade, Hamilton (apud Rojo, 2009) distingue os "letramentos dominantes ou institucionalizados" (aqueles que estão associados a organizações formais como a escola, o trabalho ou o sistema legal e dependem de agentes específicos, tais como: professores, pesquisadores, literatos e juízes) dos "letramentos locais ou vernaculares" (aqueles que, por ocorrerem na vida cotidiana, não são controlados nem sistematizados institucionalmente, razão pela qual tendem a ser menos valorizados culturalmente, como é o caso da linguagem que vem sendo usada nos blogues e nos *chats* da internet).

Em quarto lugar, a pluralidade do letramento torna viável a referência em campos do conhecimento específicos, como é o caso do "letramento científico", que faz alusão à escrita típicamente usada em espaços da ciência e cuja familiaridade requer certo grau de envolvimento e de compreensão especializada.

Finalmente, é possível mencionar o acesso da população em redes de comunicação, como o "letramento digital".

Em que pese a polêmica da oposição entre "letramento X letramentos" (conforme veremos no tópico "Fragmentação do letramento", p. 106), a tendência de uso do termo no plural parece relativamente consolidada.

Entre os riscos relacionados com o conceito de letramento, cumpre mencionar:

*Perder a especificidade da alfabetização ou escolarizar o letramento*
Quando ensinar a ler e escrever ganha sentido pela possibilidade do uso social da língua, e quando o apelo para que a escola aproxime a escrita das práticas culturais torna-se um princípio fundamental (conforme foi defendido nos três primeiros tópicos dos méritos relacionados), corremos o duplo risco de autonomizar excessivamente os eventos de letramento e esvaziar a alfabetização, relegando-a à sua dimensão mais técnica. Entusiasmados pela compreensão ampla da escrita e pelos princípios de um ensino que pudesse se aproximar da realidade do aluno, garantindo sentido e motivação para o fazer pedagógico, os educadores, a partir de meados dos anos 1990, correram o risco de tornar suas salas de aula "centros genéricos e difusos de estímulo à leitura e escrita", perdendo de vista a atenção mais específica a alguns aspectos da aprendizagem, como é o caso da consciência fonológica, do traçado das letras, da convencionalidade do sistema de escrita e de suas regras. Além disso, ao submeter as práticas sociais letradas ao ritmo sistemático e diretivo típico da escola, tornando-as inclusi-

ve foco de avaliação formal, o exercício de leitura e escrita pode perder a conexão com o seu viés concreto e funcional. Isso ocorre, por exemplo, quando a escola elege como conteúdo específico ensinar seus alunos a escrever cartas, mas, no afã de garantir as especificidades do texto, deixa de levar em consideração os interlocutores e os propósitos sociais que deveriam motivar a redação de cartas. É como se a escolarização do letramento estivesse a serviço da "pasteurização" de práticas que, no contexto do ensino, perdem sua espontaneidade e razão de ser.

Em síntese, no limite da "pedagogização do letramento" (Street, 1995), o aprendizado parece mera consequência de experiências de leitura ou de escrita: práticas textuais genéricas que pouco incidem sobre a especificidade do sistema linguístico (as letras ou as normas gráficas e ortográficas), mas, simultaneamente, bastante artificiais para descaracterizar os eventos sociais letrados (uma carta para um receptor indefinido e com ausência de propósitos estabelecidos de maneira clara). Em outras palavras, escolariza-se o letramento ao mesmo tempo que se desconsidera o ensino técnico da língua. Por isso, no âmbito acadêmico e nos eventos de educação começaram a surgir algumas vozes que se perguntavam: o que é específico da alfabetização? É legítimo ensinar ortografia? Como ensinar as regras do sistema? Como trazer para dentro da escola as práticas sociais de leitura e escrita?

*Desconsiderar a amplitude e complexidade do ensino da escrita*
Como variação possível do item anterior, a distinção entre alfabetizar e letrar pode desqualificar a amplitude e a complexidade do processo de aprendizagem. É nesse sentido que se compreende o

esforço de Soares (2003, p. 90) de precisar os conceitos, discutindo a relação entre eles:

> Porque alfabetização e letramento são conceitos frequentemente confundidos ou sobrepostos, é importante distingui-los, ao mesmo tempo que é importante também aproximá-los: a distinção é necessária porque a introdução, no campo da educação, do conceito de letramento tem ameaçado perigosamente a especificidade do processo de alfabetização; por outro lado, a aproximação é necessária porque não só o processo de alfabetização, embora distinto e específico, altera-se e reconfigura-se no quadro do conceito de letramento, como também este é dependente daquele.

A despeito do esforço da autora para articular os processos de alfabetização, a simples separação conceitual destes pode representar uma banalização das pesquisas psicogenéticas, em particular daquelas que se empenharam em defender a alfabetização como um processo multiforme (que ocorre por diferentes meios em diversas frentes de trabalho cognitivo), mas essencialmente indivisível. É isto que Emilia Ferreiro (2001b, 2003) chama de "retrocesso" na luta empreendida nos últimos trinta anos; um retrocesso que se evidencia tanto no plano teórico como na prática escolar.

A distinção entre os conceitos de "letramento" e "alfabetização" permite, em primeiro lugar, formas de transposição didática que separam de modo inadmissível os dois processos. Na prática, tal separação fica evidente quando: 1) o letramento é visto como um pré-requisito da alfabetização (o letramento na Educação Infantil, deixando a alfabetização para o Ensino Fundamental); 2) o letramento é visto como consequência da alfabetização (primeiro se ensina a escrever para depois ensinar a usar a escrita nas diferentes práticas sociais); 3) o letramento e a alfabetização são propostos como uma forma cíclica e alternada de trabalho (momentos da escolaridade destinados a um, seguidos de momentos dedicados ao outro); e 4) o letramento e a alfabetização são trabalhados de modo paralelo em relativa independência (por exemplo, com atividades focadas para um ou para o outro ou dias de trabalho destinados respectivamente a cada um como ênfases diversificadas da intervenção escolar).

Em segundo lugar, a distinção entre os conceitos de alfabetização e letramento permite uma valoração diferente desses processos e a desconsideração dos seus contextos de aprendizagem. Isso ocorre quando um deles, considerado na escola o mais importante, se coloca em detrimento do outro – ou quando, de modo inflexível, se atribui a alfabetização à escola e o letramento aos processos sociais inevitáveis.

Por fim, como a escola costuma ser muito valorizada, há o risco de, em terceiro lugar, atribuir toda a responsabilidade de ler e escrever às ações estritamente pedagógicas. Nesse caso, como se viu no item anterior, o letramento passa a ser incorporado pela escola como parte de seus esforços, negando-se que a aprendizagem também possa acontecer no contexto da vida social.

Contemplando todos esses riscos, Mortatti (2004, p. 116) afirma que:

> Não se pode, portanto, considerar a alfabetização como um pré-
> -requisito para o letramento, nem reduzir letramento a um conceito escolarizado. Apesar dos problemas envolvidos, porém, não se pode também separar radicalmente o letramento escolar do

letramento social, porque, sendo ambos partes do mesmo contexto social, hipoteticamente as experiências de leitura e escrita na escola acabam por habilitar a participação em experiências extraescolares de letramento. Assim como também não se pode separar radicalmente o letramento da alfabetização, da escolarização e nem, tampouco, da educação.

*Redução do termo letramento à dimensão técnica e apolítica*
Até os anos 1990, prevalecia o argumento de que o acesso à leitura permitiria a emancipação social do sujeito, daí a importância das campanhas de alfabetização, esforços estes que até justificavam os debates sobre a antecipação do ensino da escrita na Educação Infantil. Tomado na perspectiva técnica e individualizada (alfabetização como mero ensino das letras a uma pessoa), o vício do argumento em questão é captar o sujeito independentemente das relações histórico-sociais que explicam a sua condição (Britto, 2003, 2005). Quando a concepção puramente técnica (e por isso ingênua) cede lugar à compreensão ideológica, fica claro que é justamente a condição de marginalidade e exclusão social que inibe os processos de letramento para grande parte da população. Por isso, mais do que ensinar as letras às crianças, importa promover as bases para a efetiva participação destas na cultura escrita, pois, quanto maior for essa participação (as oportunidades de interação e de convivência com situações de raciocínio abstrato, as chances de utilização de textos para planejamento e controle das atividades, a necessidade de raciocínios indutivos e de princípios organizacionais na administração das situações de trabalho, os apelos de compreensão e interpretação do mundo para tomada de iniciativas e avaliação delas), maiores serão as condições do sujeito

de manipular textos em situações concretas, ajustando-os, cada vez mais, aos propósitos sociais do ler e escrever.

> A análise comparativa do nível de alfabetismo com a classe socioeconômica, o grau de instrução e o tipo de atividade profissional demonstram que são essas circunstâncias que contribuem para o letramento, e não o contrário. Em outras palavras, a condição de maior ou menor domínio de habilidades de leitura e escrita e o exercício das atividades dessa natureza é antes o resultado da situação social que a possibilidade de maior participação. (Britto, 2003, p. 56)

A fim de evitar a confusão terminológica do termo "letramento", atualmente utilizado tanto para designar capacidades individuais como para se referir às práticas sociais, alguns autores (Britto, 2005; Ribeiro, Vóvio e Moura, 2002) sugerem a adoção do termo "alfabetismo" para identificar a situação singular, associando o letramento aos usos coletivos, não excluindo de nenhum deles a conotação política que dá sentido a ambas possibilidades de abordagem.

*Dicotomização do letramento*
O conceito de letramento abarca em si uma conotação plural que se concretiza por uma diversidade de competências adquiridas em um *continuum* variável de possibilidades de uso da língua escrita (Mortatti, 2004; Soares, 2003). Toda essa conquista é sempre relativa porque depende do contexto sociocultural de cada indivíduo e da sua possibilidade de manejar a língua para diferentes fins e com diferentes instrumentos. Por isso não se pode, *a priori*, rotular

um sujeito como "letrado" ou "iletrado". Em outras palavras, a dicotomização do termo fere a sua compreensão porque não contempla a possibilidade de graus de letramento nas diversas culturas. Em um dado grupo social, as pessoas podem ter graus variáveis de letramento e um mesmo indivíduo, de alto nível de letramento em uma sociedade, pode ser considerado menos letrado em um contexto com outras exigências de leitura e escrita. Daí a inadequação de se estabelecer critérios fixos e dicotômicos pala avaliar o letramento.

*Fragmentação do letramento (ou da alfabetização)*
Com base na mesma compreensão plural do conceito de "letramento", não se pode listar uma progressão fixa ou um conjunto de competências com base nas quais o sujeito possa ser considerado "letrado". Por isso, a admissão de "letramentos" pode ser interpretada como uma redundância à complexidade já implícita na compreensão de "letramento". Assim, se o uso do termo "letramentos" permite, conforme mencionado, chamar a atenção para diferentes especificidades ou valorações de uso da língua em diversos contextos, campos de conhecimentos ou meios de comunicação, ele favorece também a fragmentação do trabalho pedagógico ou das políticas de educação e cultura que poderiam eleger alguns "tipos de letramento" em detrimento de uma ação mais globalizada, isto é, o investimento amplo nas capacidades cognitivas em relação à língua escrita. A esse respeito, Ferreiro (2002) vê com desconfiança os esforços políticos em prol do "letramento digital" que não tem razão de ser, a menos que se possam alcançar os níveis de alfabetização desejáveis. Alfabetizar, no sentido tomado pela autora, é promover o trânsito linguístico em diferentes campos e com diferentes instrumentos. Na medida em que desejamos

um leitor flexível, capaz de lidar com diversos textos, selecionando e distinguindo informações, fixar uma meta restrita significa desinvestir no esforço amplo em prol da competência complexa e plural do ler e escrever (Ferreiro, 2001b). De modo semelhante, Soares (2003), considerando os "letramentos", chama a atenção para o fato de que "letramento escolar" e "letramento social" fazem parte de um mesmo processo social mais abrangente. Por isso, talvez o interesse no uso plural de letramento seja muito mais o de relacionar realidades interdependentes do que propriamente instituir campos ou práticas autônomas de uso da língua escrita.

## A escrita como objeto de ensino

Feitas as considerações sobre alfabetização e letramento – os conceitos e as polêmicas em seus méritos e riscos –, importa retomar a questão fundamental que norteou o debate aqui exposto: o que ensinamos quando ensinamos a ler e a escrever?

Independentemente das disputas conceituais ou terminológicas entre os diferentes autores, parece haver um consenso de que o sentido mais profundo do ensino da língua escrita é o de garantir de maneira simultânea o caráter simbólico da língua, isto é, o seu significado em um dado contexto sócio-histórico, e o uso social em diferentes possibilidades de produção e interpretação (Leite, 2001).

Em defesa de um ensino significativo, podemos encontrar, para além das divergências entre Ferreiro e Soares, a consonância (que também se reflete nas respectivas correntes teóricas que elas representam) de posturas que defendem a escrita pelo sentido social de aprender a língua. Nas palavras de Ferreiro (2007, p. 20-1): "[...] a escrita é importante na escola porque é importante fora da escola, e não o inverso". No postulado de Soares (1998, p. 47), "[...] o ideal seria alfabetizar letrando, ou seja: ensinar a ler e a escrever no contexto das práticas sociais da leitura e da escrita [...]".

Por isso, aprender a ler e escrever, no contexto da nossa sociedade é definitivamente dar um basta na concepção que, por tanto tempo, aprisionou a língua escrita no didatismo artificial da escola. É legítimo ensinar a língua escrita se ela estiver a serviço da inserção social, da participação democrática do sujeito na sociedade e do livre trânsito linguístico em face das múltiplas possibilidades de se comunicar, ler o mundo e interpretá-lo. Nas palavras de Lerner (2002, p. 17),

> Ensinar a ler e escrever é um desafio que transcende amplamente a alfabetização em sentido estrito. O desafio que a escola enfrenta hoje é o de incorporar todos os alunos à cultura da escrita, é o de conseguir que todos seus ex-alunos cheguem a ser membros plenos da comunidade de leitores e escritores.

O que se ensina quando se ensina a ler e escrever é a língua viva tal como ela existe no universo de nossos alunos, uma prática que pode fazer sentido nos diferentes contextos socioculturais e, ao mesmo tempo, um conhecimento capaz de explorar o potencial da escrita, isto é, o conjunto das capacidades envolvidas no ato de ler e escrever:

> [...] essas capacidades [leitura e escrita] são múltiplas e variadas. Para ler, por exemplo, não basta conhecer o alfabeto e decodificar letras em sons da fala. É preciso também compreender o que se lê, isto é, acionar o conhecimento de mundo para relacioná-lo com os temas do texto, inclusive o conhecimento de outros tex-

tos/discursos (intertextualizar), prever, hipotetizar, inferir, comparar informações, generalizar. É preciso também interpretar, criticar, dialogar com o texto: contrapor a ele seu próprio ponto de vista, detectando o ponto de vista e a ideologia do autor, situando o texto em seu contexto. Reciprocamente, para escrever, não basta codificar e observar as normas da escrita do português padrão do Brasil; é também preciso textualizar: estabelecer relações e progressão de temas e ideias, providenciar coerência e coesão, articular o texto a partir de um ponto de vista levando em conta a situação e o leitor etc. (Rojo, 2009, p. 44-5)

Na prática, tudo isso implica não só abrir a escola para os usos sociais cada vez mais articulados aos objetivos escolares, mas também superar a mediocridade do ensino centrado nas letras, admitindo de uma vez por todas a complexidade dessa aprendizagem.

## Ensinar e aprender a língua escrita

Como alfabetizar na perspectiva do mundo letrado? Como garantir um ensino da língua escrita que se aproxime da vida, ampliando as possibilidades de comunicação e de inserção social?

### Revisão de paradigmas e dimensões interferentes na aprendizagem da escrita

Enquanto o ensino da escrita for tratado como conteúdo escolar desvinculado do comprometimento político e de propósitos educativos mais amplos, a alfabetização parece ficar circunscrita à fragmentação de atividades prescritas pelos métodos que, em nome da especificidade (ou tecnicismo?) desse ensino, alfabetizam, mas não necessariamente garantem as condições para que se possa, de maneira efetiva, ler e escrever. A ideia de que "[...] o que se deve fazer é ensinar as crianças a linguagem da escrita, e não apenas a escrita das letras" (Vygotsky, 1988, p. 134), defendida já na primeira metade do século XX, vem sendo cada vez mais proclamada pelos estudiosos da alfabetização (Colello, 2007; Colomer, 2007; Ferreiro e Teberosky, 1986; Freire, 1985; Geraldi, 1993, Góes e Smolka, 1995; Leite, 2001; Lerner, 2002; Rocha e Val, 2003; Rojo, 2009; Soares, 1998; Zaccur, 1999, entre outros). No entanto, ela não poderá se concretizar na prática pedagógica senão pela mudança do paradigma educacional que, nas palavras de Lerner (2002, p. 73), pode ser assim sintetizado: "Ler é entrar em outros mundos possíveis. É indagar a realidade para compreendê-la melhor, é se distanciar do texto e assumir uma postura crítica frente ao que se diz e ao que se quer dizer, é tirar carta de cidadania no mundo da cultura escrita [...]".

Pensando nas metas que, como educadores, desejamos alcançar, é bem verdade que os anos de escolaridade favorecem a construção das habilidades letradas. Os dados do Inaf já mencionados neste texto indicam que o grau de letramento é maior entre a população mais escolarizada e, de modo inverso, tende a decair para aqueles que tiveram menos oportunidade de permanecer na escola. Mas essa constatação convive com outras duas igualmente esclarecedoras para se ampliar a compreensão que temos sobre os fatores interferentes na aprendizagem da escrita. Em primeiro lugar, é possível nos surpreendermos com uma parcela da população que, mesmo tendo frequentado a escola, não alcançou o nível mais alto de letramento, uma evidência de que o ensino formal não atinge os resultados desejáveis para todos ou não garante a continuidade deles nos anos seguintes fora da escola. Em segundo lugar, há a constatação óbvia de que o alto grau de letramento é mais facilmente atingido por aqueles que, de alguma forma, já participam da sociedade letrada. A possibilidade de manipular a língua escrita, fazendo inferências, ajustando sua forma aos propósitos desejados, interpretando ideias e relacionando textos é sempre maior para o indivíduo de classe média ou alta, com pais escolarizados, que teve mais acesso às experiências sociais de escrita independentemente da escola. Tudo isso sugere que a escola, além de não ser uma garantia incondicional de letramento, não é a única instância para a sua conquista. Esses dados apontam para o fato de que, se queremos ensinar a ler e escrever, temos de cuidar da qualidade da escola mas também do "antes e depois" do período de escolaridade, isto é, do acesso e da permanência no universo letrado.

De fato, já na década de 1980, as primeiras pesquisas psicogenéticas sobre a aquisição da escrita (Ferreiro 1986a, 1986b; Ferreiro e Palacio, 1987; Ferreiro e Teberosky, 1986) apontavam a forte correlação entre as experiências de "lectoescrita" vividas no período pré-escolar e a aprendizagem da língua escrita. Para Ferreiro (1986b), como as crianças não esperam ter um professor a sua frente para lhes ensinar, elas começam muito cedo a se perguntar sobre o funcionamento desse objeto cultural, construindo hipóteses com base nas informações que o meio lhes oferece. A aprendizagem da língua escrita é, assim, um processo precoce e integrado a outras esferas de desenvolvimento. A esse respeito, Colomer (2007) lembra que não se pode separar o processo de formação do leitor dos momentos em que o sujeito ouve suas primeiras histórias e, ao aprender a falar (ou a ouvir o outro), pouco a pouco, também se familiariza com a estrutura das narrativas. No exercício aparentemente descomprometido de folhear as páginas de um livro, ou de ver folhetos de ofertas no supermercado, muitas crianças vão compreendendo o caráter simbólico da escrita e, não raro, se atrevendo a deslocar sua atenção das imagens para as "outras marcas impressas" cuja representação é menos explícita. Isso quer dizer que não há um momento inicial da aprendizagem da escrita, nem tampouco a possibilidade de controlar, em uma perspectiva linear, o que, como e quando os sujeitos aprendem. Como totalidades indissociáveis que pouco se prestam à progressão inflexível projetada pela escola, ler e escrever são aprendidos pela participação nas atividades de leitura e escrita (Ferreiro, 1986a, 1986b; Ferreiro e Teberosky, 1986; Lerner, 2002).

Vendo a mãe que faz uma lista de compras, o pai que lê o jornal ou a avó que se guia pela receita de bolo, a criança pode, por exemplo, compreender as funções da escrita (no caso, as de garantir a memória, ficar a par das notícias ou conhecer os procedimentos para determinado fim). Mas, mais que isso, ao participar do ato de ler e registrar histórias, brincar com rimas e adivinhas, ouvir poemas e parlendas, associar a escrita às situações de jogos e atividades lúdicas, a criança vai também descobrindo a língua como parte de seu mundo, podendo até se configurar como um significativo objeto de prazer e diversão. Dessa forma, aprender a ler e escrever pode, desde sempre, estar associado a um contexto motivacional que, nos anos subsequentes, faz toda diferença para a vida escolar. Por isso, na perspectiva educativa,

> É função da escola dar continuidade, agora de forma sistematizada, a esse processo que vem se realizando "naturalmente", por

meio do qual a criança vem tomando contato com a escrita verdadeira, pelas diversas práticas sociais de que participa. Nesse sentido, uma das críticas ao modelo tradicional é que ele representa uma ruptura nesse processo: a escola passa a apresentar para a criança a escrita através de textos totalmente descontextualizados, enfatizando somente o código, em detrimento do significado. Além disso, utilizam-se textos que não correspondem aos usos sociais da escrita. (Leite, 2001, p. 29)

Reconhecendo a diversidade das práticas letradas vividas no contexto familiar, seu impacto no processo de aprendizagem e suas implicações na prevenção de dificuldades nos primeiros anos de escolaridade, Purcell-Gates (2004) e Gallart (2004) defendem a coordenação das aprendizagens que se desenvolvem nos espaços intra e extraescolar, a fim de multiplicar as práticas de leitura e os modos de interação subjacentes a essas atividades. A incorporação das práticas sociais letradas pela escola e, no sentido inverso, o estímulo dos educadores para se levarem as experiências de leitura para a comunidade promovem uma cumplicidade desejável entre pais e professores na formação de leitores e escritores. Em síntese, essa postura pode ser traduzida pelos seguintes postulados de Purcell-Gates (2004, p. 39-40):

1) os meninos e meninas aprendem em casa muitos conceitos, habilidades, atitudes e condutas relevantes para o desenvolvimento da leitura e da escrita, quando participam nos momentos de leitura e escrita que surgem de forma natural; 2) muitos desses conceitos, habilidades, atitudes e condutas que alguns meninos e algumas meninas adquirem de forma inicial, em

interação com as pessoas do seu entorno, são as que posteriormente vão sendo desenvolvidas na escola; e 3) os programas de intervenção que envolvem familiares e são centrados em formação de pessoas adultas e ensino de estratégias específicas de alfabetização para utilizar com seus filhos e suas filhas provocam melhorias no rendimento dos meninos e das meninas na escola.

Se o processo de alfabetizar em um e para um contexto letrado se inicia antes do ingresso no Ensino Fundamental (o que justifica a necessidade de considerar na escola as práticas de leitura e escrita da comunidade, as experiências letradas das crianças e a articulação delas às iniciativas escolares), ele certamente não se esgota com o final da vida escolar. Daí a relevância de pensarmos a alfabetização nas suas relações com o acesso aos bens culturais, a democratização do saber e a promoção da cultura. Tão importante quanto ensinar a ler e escrever é garantir aos indivíduos o acesso às informações e aos livros, o reconhecimento da leitura como um valor, assim como a participação na cultura letrada. Por isso, quando se fala em letramento na perspectiva de grupos sociais, o que está em pauta não é o somatório das capacidades individuais, mas as condições para que a população possa usufruir da circulação dos bens culturais, das possibilidades de recriação do saber e de padrões sociais de valorização do conhecimento (Britto, 2003).

Tomando o mesmo raciocínio em uma perspectiva inversa, é possível supor que muitos dos indivíduos que tecnicamente foram alfabetizados pela escola, uma vez fora dela, convivendo em situações de isolamento cultural ou de dificuldades materiais de acesso à produção escrita, deixam de usar suas habilidades e, além disso, passam a desvalorizá-las. Quando a vida não se integra à lógica ou à necessidade das sociedades letradas, a prática de leitura e escrita, ainda que possa ser cumprida mecânica e precariamente, passa a representar um exercício supérfluo. Essa condição explica em parte o analfabetismo funcional, um fenômeno ainda pouco compreendido – seja na esfera coletiva, seja no percurso cognitivo individual.

Em síntese, faz sentido falar no ensinar e aprender a língua escrita se a meta educativa puder ser ancorada em paradigmas que superem o estritamente pedagógico (o "toma lá da cá" tão típico da escola tradicional). Em primeiro lugar porque os objetivos da alfabetização merecem ser tomados na estreita relação com a cidadania; em segundo, porque saber ler e escrever implica um conjunto complexo de habilidades que não se conquista pelo ensino linear, artificial, fragmentado e cumulativo; em terceiro, porque a formação do leitor e escritor depende do antes e depois da escolaridade e, finalmente, porque o ensino da língua escrita no contexto escolar clama por outra atmosfera no envolvimento do sujeito aprendiz. Daí a importância de concebermos a escola como ambiente alfabetizador.

## A escola como ambiente alfabetizador

Ler se aprende lendo e escrever se aprende escrevendo. No entanto, por trás desses princípios, nada de espontaneísta existe no ensino. Muito pelo contrário, nunca se exigiu tanto do professor: sem poder contar com uma fórmula metodológica prefixada, sem poder pressupor o "marco zero" do conhecimento, sem poder instituir uma progressão uniforme, linear e cumulativa dos conhecimentos e, sobretudo, admitindo a diversidade dos alunos e alunas, a pluralidade de seus processos cognitivos e a complexidade da escrita como objeto de conhecimento, cabe ao educador criar condições para utilizar o tempo e o espaço escolar em prol da intensificação das experiências de leitura e escrita, um exercício constante e sistemático para promover a progressiva aprendizagem e o uso das habilidades. A esse respeito é interessante a constatação de que a leitura e a escrita, em qualquer nível de competência, pressupõem algumas habilidades e implicam o desenvolvimento de outras. É esse jogo dialético do processo cognitivo que se deve fomentar em sala de aula. Ao assumir o compromisso de alfabetizar no contexto do mundo letrado, é preciso que a escola funcione como uma microcomunidade de leitores e escritores, ainda que eles sejam pouco experientes. Dessa forma, as práticas da cultura escrita podem permear as atividades escolares sem abrir mão do seu significado social (Lerner, 2002; Teberosky e Colomer, 2003).

Ao longo dos últimos anos, com a revisão da concepção de língua e dos processos cognitivos, os educadores foram sendo obrigados a abrir mão das cartilhas e dos métodos alfabetizadores entendidos na sua conotação mais restrita, isto é, das prescrições definidas *a priori* que marcavam o passo a passo da aprendizagem. Caiu por terra também a pretensão de controlar a aprendizagem ou de determinar o seu ritmo de desenvolvimento. De um projeto prescritivo e supostamente previsível que se desenvolvia como resultado necessário do ensino das letras, sílabas e palavras, a alfabetização passou a ser consequência de uma rede de estímulos, propostas e provocações em um ambiente bastante letrado: a sala de aula. A inexistência de um método não significa, contudo, abrir mão de certa metodologia, isto é, de uma transposição pedagógica altamente refletida e planejada no contexto de cada escola e, em especial, de cada grupo classe. É nesse sentido que se podem entender as palavras de Emilia Ferreiro (*apud* Lerner, 2002, p. 8):

> Eu disse insistentemente que "um novo método não resolve os problemas". Mas a reflexão didática é outra coisa. E uma vez que conseguimos restituir o direito pleno ao ator principal de seu processo de aprendizagem, que é a própria criança, é necessário conceituar as mudanças que ocorrem no âmbito escolar quando se torna complexa a noção de "língua escrita", quando não se confundem ensinamentos com aprendizagens e quando se aceita (mediante evidências) que o sujeito da aprendizagem assimila, cria, constrói, e que suas criações intelectuais, suas construções cognitivas têm um extraordinário potencial pedagógico.

A prática pedagógica é assim uma proposta de intervenção de um professor com relação aos seus alunos, uma intervenção negociada em função das especificidades do grupo, da compreensão dos suportes teóricos e das diretrizes de ensino.

Fazer da escola um ambiente alfabetizador requer, por esse motivo, a convicção sobre a necessidade de articular os processos de ensino aos de aprendizagem, estabelecendo com os alunos uma relação dialógica capaz de compreender seus saberes, erros, valores e motivações, a partir do que é possível propor situações didáticas desafiadoras e pedagogicamente interessantes. Da mesma forma, é preciso criar oportunidades para lidar com as eventuais resistências, recriar novos sentidos e necessidades de conhecimento, ampliando, assim, o referencial dos estudantes. O que se tem em vista é promover a construção do conhecimento no sentido atribuído por Piaget: com base na interação com o objeto ou com os outros, torna--se possível assimilar o objeto externo (no caso, a escrita) a fim de torná-lo seu para agir no mundo e na relação com os outros.

> Quem lê fala para outro, mas o que diz não é a sua própria palavra, mas a palavra de um "Outro" que pode desdobrar-se em muitos "Outros", saídos não se sabe de onde, ocultos também atrás das marcas.
> Somente as práticas sociais de interpretação permitem descobrir que essas marcas sobre a superfície são objetos simbólicos; somente as práticas sociais de interpretação transformam-nas em objetos linguísticos. (Ferreiro, 2001a, p. 11)

A escola como ambiente alfabetizador tem como desafios transformar o objeto de ensino – a escrita – em objeto de aprendizagem, conciliar essa aprendizagem com os propósitos linguísticos (a construção do sentido) e sociais (os usos nos diversos contextos) e ainda favorecer ao sujeito a ampliação das suas possibilidades comunicativas, ou, como quer Colomer (2007), prescrevendo os princípios da formação do leitor, "construir uma biblioteca mental" que permita ao sujeito contrapor as suas leituras com a comunidade interpretativa mais ampla.

Na prática,

> o necessário é fazer da escola uma comunidade de escritores que produzem seus próprios textos para mostrar suas ideias, para informar sobre fatos que os destinatários necessitam ou devem conhecer, para incitar seus leitores a empreender ações que consideram valiosas, para convencê-los da validade dos pontos de

vista ou das propostas que tentam promover, para protestar ou reclamar, para compartilhar com os demais uma bela frase ou um bom escrito, para intrigar ou fazer rir... O necessário é fazer da escola um âmbito onde leitura e escrita sejam práticas vivas e vitais, onde ler e escrever sejam instrumentos poderosos que permitem repensar o mundo e reorganizar o próprio pensamento, onde interpretar e produzir textos sejam direitos que é legítimo exercer e responsabilidades que é necessário assumir.

O necessário é, em suma, preservar o sentido do objeto de ensino para o sujeito da aprendizagem, o necessário é preservar na escola o sentido que a leitura e a escrita têm como práticas sociais, para conseguir que os alunos se apropriem delas possibilitando que se incorporem à comunidade de leitores e escritores a fim de que consigam ser cidadãos da cultura escrita. (Lerner, 2002, p. 18)

Com base nesses postulados práticos, é possível, mesmo correndo o risco de simplificação excessiva, vislumbrar a conformação mais técnica do ambiente alfabetizador da escola de acordo com quatro eixos de abordagem: 1) a pluralidade das experiências; 2) a articulação entre descoberta, aprendizagem e uso da língua; 3) os propósitos sociocomunicativos; e 4) os propósitos didáticos. O esquema a seguir pretende ilustrar os referidos eixos e suas inter-relações.

Para constituir um ambiente alfabetizador, a escola precisa, antes de mais nada, incorporar a pluralidade das experiências de leitura e escrita, o que significa não só trazer os diferentes suportes e gêneros textuais para a sala de aula, mas também lidar com os inúmeros propósitos sociais da língua. Estritamente escolarizada para fins estritamente pedagógicos, a língua não mais se sustenta em

face dos apelos do mundo letrado. O esforço para fazer circular a escrita em toda a sua complexidade, seu potencial expressivo-comunicativo e sua pluralidade de produção não faria sentido sem a iniciativa dos professores de articular a descoberta da escrita (reconhecimento das suas funções, valorização do seu papel, familiarização com os seus suportes e conhecimento da sua forma mais típica em oposição à língua falada), a aprendizagem da escrita (sua forma de representação, sua dimensão fonológica, seu modo de funcionamento e suas regras) e o uso da escrita (as práticas sociais de produção e interpretação). A partir daí, é possível promover a reflexão linguística e a construção de um saber significativo por meio de propostas que preservem os propósitos sociais e didáticos da escrita. O que está em jogo é a dupla construção que se processa de modo estreitamente articulado: de um lado, os aspectos discursivos, ou seja, a constituição de um significado ou interpretação pela dimensão dialógica da língua, isto é, um enunciado "de alguém para alguém", "com um certo propósito", "para um dado fim" (Geraldi, 1993); de outro, inerente ao esforço de ler e escrever, estão as oportunidades para se refletir sobre os aspectos notacionais (e assim avançar na aquisição do conhecimento), o que traduz a preocupação sobre "de que forma dizer ou interpretar".

Vêm daí as inquietações e buscas colocadas em um *continuum* na progressão de conhecimentos em longo prazo: com quantas letras escrever, com quais letras escrever, o que representar na e pela escrita, como garantir a ênfase ou a entonação, qual o papel da convencionalidade do sistema, como assimilar as suas regras etc. Em ambos os eixos de construção cognitiva, discursivo ou notacional, o que se busca é sempre o maior ajustamento da tarefa, tendo em vista o desejo de dizer e o interesse em interpretar o mundo. Nessa configuração, a língua escrita na escola, seja para fins de redação, seja para fins de leitura, é um problema a ser resolvido em uma situação contextualizada e significativa.

## Considerações finais: ler e escrever como práticas transformadoras da escola

Colhido no 2º ano de uma escola pública de São Paulo, o exemplo a seguir atesta o caráter tarefeiro, repetitivo e artificial no ensino da língua escrita. Atesta também como as práticas pedagógicas podem ser descontextualizadas e distantes da realidade das crianças porque, ao lado do exercício de cópia ou de mecanização das

> 1 - Eu não devo conversar na aula.
> 2 - Eu não deve coversar na aula.
> 3 - Eu não devu coversar na aula
> 4 - Eu não devo cobersar na aula
> 5 - Eu não devo conversar na aula
> 6 - Eu não devo conversar na aula
> 7 - Eu não devu conversar na aula.
> 8 - Eu não devo conversar na aula
> 9 - Eu não devo conversar na aula
> 10 - Eu não devo conversar na aula.
>
> conversar   con-ver-sar   con-ver-sar   con-ver-sar
> professor   pro-fes-sor   prof-fes-sor  pro-fes-sor
> aluno       a-lu-no       a-lu-no       a-lu-no
>
> Frases
> 1 - As pessoas conversa.
> 2 - O professor não deixa conversa na aula.
> 3 - O aluno não pode conversa na aula.
>
> SPFC Cleverson
>      (são paulino)

sílabas, o espaço cedido aos meninos e meninas apenas lhes garante a possibilidade de reproduzir as regras no jogo de poder em sala de aula: o lento processo de silenciamento dos alunos e alunas que, definitivamente, não podem conversar na escola e talvez tenham que se calar também diante da vida. Que histórias teria o Cleverson são-paulino para nos contar? Por quanto tempo elas ficarão adiadas? Correm elas o risco de ser também silenciadas? É assim que a escola ensina a escrever, mas não garante o direito à palavra; é assim que a escola alfabetiza, mas tantas vezes rouba dos alunos e alunas sua perspectiva de se tornar leitores e escritores.

Se abrirmos mão da compreensão da escrita como pura tecnologia associada a um código, se considerarmos a aprendizagem da língua na sua dimensão social, se entendermos a alfabetização como processo educativo para a inserção dos alunos e alunas no universo letrado, se concebermos a aprendizagem da leitura e da escrita como processos que fazem sentido no antes e depois do período escolar, se aceitarmos o desafio de fazer da escola um ambiente alfabetizador, somos obrigados a admitir a necessidade de transformar o ensino e buscar novas bases para a prática pedagógica. Entre as diretrizes para a alfabetização no contexto do mundo letrado devemos considerar:

## 1) Revisão dos paradigmas do ensino e do ensino da língua escrita

- O aluno tomado como sujeito ativo no processo de aprendizagem da escrita.
- A aprendizagem como processo significativo e contextualizado.
- O professor como mediador do conhecimento que conduz o grupo classe por sucessivas (e provocativas) propostas de leitura e escrita.
- A língua escrita como objeto de conhecimento que se constitui nas relações sociais sob a forma de práticas letradas próprias do contexto sócio-histórico.
- A escola com ambiente alfabetizador e a prática pedagógica como a pluralização de experiências com propósitos didáticos e sociocomunicativos.

## 2) Ressignificação do ensino da língua escrita

- Do imposto ao desejado.

- Do doado ao construído.
- Do fragmentado ao significativo.
- Do estritamente escolar ao amplamente vivido.

### 3) Reconstituição das relações com os alunos e com a comunidade

- Conhecimento das práticas sociais de escrita.
- Compreensão do aluno mediante a consideração do seu lugar social, seus valores, seus saberes e suas dificuldades.
- Ajustamento das propostas escolares à natureza e à trajetória dos processos cognitivos dos alunos.

### 4) Reconstrução da dinâmica escolar e das práticas pedagógicas

- Integração da equipe escolar para a construção coletiva da prática pedagógica.
- Ampliação dos focos de informação, das possibilidades de mediação e de interlocução.
- Multiplicação das experiências de leitura e escrita, garantindo o seu significado e função social assim como as possibilidades de reflexão e aprendizagem da língua.
- Promoção de atividades que possam articular as dimensões escolar e social, em efetivas situações de aprendizagem e uso do conhecimento.
- Despertar o gosto pela aprendizagem, a formação do hábito de leitura e a valorização da escrita.
- Fazer da alfabetização um projeto de conquista da cidadania.

Levadas ao extremo, tais diretrizes podem significar uma drástica transformação da escola e da configuração da sociedade letrada no Brasil. A despeito do desafio que possam representar, elas nos remetem à necessidade de acreditar na educação como princípio transformador. Pensando em cada aluno que hoje ingressa na escola e, principalmente, no futuro da sociedade democrática, vale a pena se perguntar: alfabetização e letramento, o que será que será?

## Referências bibliográficas

BRITTO, L. P. L. "Sociedade de cultura escrita, alfabetismo e participação". In: RIBEIRO, V. M. (org.). *Letramento no Brasil*. São Paulo: Global, 2003, p. 47-63.

_____. "Letramento e alfabetização – Implicações para a Educação Infantil". In: FARIA, A. L. G.; MELLO, S. M. (orgs.). *O mundo da escrita no universo da pequena infância*. Campinas: Autores Associados, 2005. p. 5-21.

COLELLO, S. M. G. *Alfabetização em questão*. São Paulo: Paz e Terra, 2004.

_____. *A escola que (não) ensina a escrever*. São Paulo: Paz e Terra, 2007.

COLOMER, T. *Andar entre livros*. São Paulo: Global, 2007.

FERREIRO, E. *Alfabetização em processo*. São Paulo: Cortez/Autores Associados, 1986a.

_____. *Reflexões sobre alfabetização*. São Paulo: Cortez/Autores Associados, 1986b.

_____. *Atualidade de Jean Piaget*. Porto Alegre: Artmed, 2001a.

_____. *Cultura escrita e educação*. Porto Alegre: Artmed, 2001b.

_____. *Passado e presente dos verbos ler e escrever*. São Paulo: Cortez, 2002.

_____. "Alfabetização e cultura escrita". Entrevista concedida a Denise Pellegrini. *Nova escola*, São Paulo, abr.-maio, 2003, p. 27-30.

_____. *Com todas as letras*. São Paulo: Cortez, 2007.

FERREIRO, E.; PALACIO, M. G. *Os processos de leitura e escrita*. Porto Alegre: Artmed, 1987.

FERREIRO, E.; TEBEROSKY, A. *Psicogênese da língua escrita*. Porto Alegre: Artmed, 1986.

FREIRE, P. *A importância do ato de ler*. São Paulo: Autores Associados/Cortez, 1983.

GALLART, M. S. "Leitura dialógica: a comunidade como ambiente alfabetizador". In: TEBEROSKY, A.; GALLART, M. S. (orgs.). *Contextos de alfabetização inicial*. Porto Alegre: Artmed, 2004, p. 41-54.

GERALDI, J. W. *Portos de passagem*. São Paulo: Marins Fontes, 1993.

GÓES, M. C. R.; SMOLKA, A. L. B. "A criança e a linguagem escrita". In: ALENCAR, E. S. *Novas contribuições da psicologia aos processos de ensino e aprendizagem*. São Paulo: Cortez, 1995, p. 51-70.

HARRIS, T. H. L.; HODGES, R. E. *Dicionário de alfabetização*. Porto Alegre: Artmed, 1999.

KATO, M. *No mundo da escrita: uma perspectiva psicolinguística*. São Paulo: Ática, 1986.

KLEIMAN, A. B. (org.) *Os significados do letramento: uma nova perspectiva sobre a prática social da escrita*. Campinas: Mercado das Letras, 1995.

_____. "Programa de educação de jovens e adultos". *Educação e Pesquisa – Revista da Faculdade de Educação da USP*, v. 27, n. 2. São Paulo: Feusp, 2001, p. 267-81.

LEITE, S. A. S. (org.). *Alfabetização e letramento – Contribuições para as práticas pedagógicas*. Campinas: Komedi, 2001.

LEMINSKI, P. "Por falar em tortura". *Folha de S. Paulo*, 18 set. 1985.

LERNER, D. *Ler e escrever na escola – O real, o possível e o necessário*. Porto Alegre: Artmed, 2002.

LUIZE, A. *O processo de apropriação da escrita na infância: situações interativas na produção textual*. Dissertação (Mestrado em Educação) – Faculdade de Educação da Universidade de São Paulo, São Paulo, 2007.

MORTATTI, M. R. L. *Educação e letramento*. São Paulo: Unesp, 2004.

PURCELL-GATES, V. "A alfabetização familiar: coordenação entre as aprendizagens da escola e as de casa". In: TEBEROSKY, A.; GALLART, M. S. (orgs.). *Contextos de alfabetização inicial*. Porto Alegre: Artmed, 2004, p. 29-40.

RIBEIRO, V. M.; VÓVIO, C. L.; MOURA, M. P. "Letramento no Brasil: alguns resultados do indicador nacional de alfabetismo funcional". *Educação & Sociedade*, v. 23, n. 81, dez. 2002, p. 49-70.

ROCHA, G.; VAL, M. G. *Reflexões sobre práticas escolares de produção de texto – O sujeito-autor*. Belo Horizonte: Autêntica, 2003.

ROJO, R. *Letramentos múltiplos – Escola e inclusão social*. São Paulo: Parábola, 2009.

SILVA, N.; COLELLO, S. M. G. "Letramento: do processo de exclusão social aos vícios da prática pedagógica". *VideturI*, n. 21. Porto: Mandruvá, 2003. Disponível em: <http://www.hottopos.com/videtur21/nilce.htm>.

SOARES, M. *Letramento – Um tema em três gêneros*. Belo Horizonte: Autêntica, 1998.

_____. "Letramento e escolarização". In: RIBEIRO, V. M. (org.). *Letramento no Brasil*. São Paulo: Global, 2003, p. 89-113.

STREET, B. *Literacy in theory and practice*. Cambridge: Cambridge University Press, 1984.

_____. "The schooling of literacy". In: *Social literacies: critical approaches to literacy in development, ethnography and education*. Londres: Longman, 1995. p. 106-31.

TEBEROSKY, A.; COLOMER, T. *Aprender a ler e escrever – Uma proposta construtivista*. Porto Alegre: Artmed, 2003.

TFOUNI, L. V. *Letramento e alfabetização*. São Paulo, Cortez, 1995.

VYGOTSKY, L. S. *A formação social da mente*. São Paulo: Martins Fontes, 1988.

ZACCUR, E. (org.). *A magia da linguagem*. Rio de Janeiro: DP&A/Sepe, 1999.

# PARTE II
# Pontuando e contrapondo

*Sérgio Antônio da Silva Leite*
*Silvia M. Gasparian Colello*

**Sérgio:** O interessante texto da professora Silvia Colello analisa e aprofunda um tema muito presente, nos dias atuais, nos encontros e congressos sobre educação, além de constituir objeto de pesquisa em vários centros universitários, nacionais e internacionais: seu objetivo é "contribuir para a consolidação de um debate sobre alfabetização e letramento a fim de ampliar a compreensão sobre o ensino da língua escrita" (p. 77).

Embora, no meu texto, eu tenha optado por abordar vários aspectos do processo de alfabetização escolar, enquanto a professora Silvia aprofundou um deles, não observei grandes divergências teóricas entre os dois trabalhos, mas diferenças de ênfase.

Torna-se difícil, portanto, a tarefa de apresentar pontos conflituosos em relação aos textos. Nesse sentido, as questões que se seguem, longe de se situar como críticas, colocam-se como aspectos sobre os quais gostaria que a autora ampliasse sua análise, possibilitando a seus leitores novos elementos para uma leitura mais qualificada.

Um dos pontos instigantes que o texto da professora Silvia apresenta relaciona-se com a famosa polêmica entre as posições teóricas que as autoras Magda Soares e Emilia Ferreiro defendem sobre a relação entre alfabetização e letramento. A questão pode ser assim resumida: "Para Soares, alfabetização e letramento são processos diferentes, embora interdependentes e indissociáveis; para Ferreiro, a compreensão atribuída a esses dois termos faz parte de uma dimensão única" (p. 90).

A minha dúvida é a seguinte: será que isso ainda é relevante na discussão sobre alfabetização, ou representa apenas um momento já superado na história da introdução do conceito de letramento em nosso meio?

Apresento essa possibilidade com base nos seguintes argumentos: a) o conceito de letramento está há mais de vinte anos na agenda de nossos pesquisadores e professores alfabetizadores e continua com uma enorme vitalidade teórico-acadêmica; vide, por exemplo, o grande número de pesquisas e trabalhos apresentados no último Congresso de Leitura (Cole), realizado em 2009, sendo a área dominante em termos numéricos; b) a própria professora Silvia apresenta uma lista de "méritos do conceito de letramento", dentre os quais destaco o item d, que consolida o letramento como conceito diferenciado de alfabetização; c) é necessário reconhecer que, historicamente, o processo de alfabetização escolar foi desenvolvido, no Brasil, na perspectiva do modelo tradicional, baseado na concepção de escrita como mera representação da linguagem oral, ou seja, a ruptura entre "domínio do código *versus* uso funcional" é histórica na nossa cultura escolar – aspecto que Emilia Ferreiro não considera na sua crítica, talvez por não conhecer profundamente nossa realidade educacional. É possível que a necessidade de superação dessa dicotomia justifique a ampla aceitação do conceito de letramento em nosso meio, uma vez que resgata a dimensão da funcionalidade da escrita no processo de alfabetização.

## Alfabetização e letramento: pontos e contrapontos

**Silvia:** É verdade que o conceito de letramento trouxe contribuições importantes para a revisão das práticas de alfabetização historicamente centradas no código. Ao longo dos últimos vinte anos, os estudos sobre esse tema chamaram a atenção dos educadores e professores sobre a necessidade de se ensinar a língua materna tendo como metas o efetivo uso da escrita e a inserção do sujeito no mundo letrado. Vem daí o indiscutível reconhecimento dos méritos do conceito de letramento e das pesquisas realizadas sobre o assunto, conforme procurei demonstrar na Parte I deste livro.

Ora, se há um mérito já reconhecido, por que o tema do letramento continua sendo atual? Qual é o sentido de discutir, ainda hoje, as tensões e polêmicas em torno do assunto? Por que elas não podem ser consideradas uma etapa já assimilada da introdução do conceito no Brasil?

A atualidade do tema justifica-se em dois planos do debate educacional. Em primeiro lugar, é preciso reconhecer que, a despeito dos estudos realizados, a tradição escolar da alfabetização em uma perspectiva mecânica e meramente instrumental ainda prevalece no país. No ensino da língua escrita, a superação da dicotomia "domínio do código *versus* uso funcional" não está efetivamente garantida, razão pela qual parece legítimo o investimento na revisão das concepções docentes. Debater sobre o tema do letramento e as polêmicas dele derivadas é, de maneira indiscutível, favorecer a reflexão sobre o suporte teórico que, conceitualmente, sustenta a orientação de políticas de educação, subsidia a criação dos projetos pedagógicos e dos planos de ensino, fortalece a definição das metas educativas e das diretrizes metodológicas. Em síntese, a reforma da escola brasileira não seria possível sem a mudança de paradigmas, dos quais o letramento parece ser um ponto essencial.

Em segundo lugar, importa compreender que a assimilação de novas ideias por si só não garante a transformação do ensino. Ainda que o professor esteja de posse de um "novo" referencial teórico em prol do "alfabetizar letrando", não se pode dizer que ele tenha condições de desenvolver, em sala de aula, um trabalho capaz de imprimir ao ensino da escrita o viés funcional e socialmente emancipador. Para além das concepções inovadoras, é preciso investir no ajustamento das condições de trabalho e, sobretudo, na construção de uma transposição didática que possa transformar princípios conceituais em efetivas práticas pedagógicas. No âmbito da vida escolar, isso significa, por exemplo: construir na escola um projeto de letramento articulado ao currículo escolar; perguntar-se como promover os processos de letramento em sala de aula em face da diversidade sociocultural; instituir uma intervenção didaticamente eficiente para atender a diferentes níveis de experiência com a escrita ou de competências no ler e escrever; equilibrar o ensino da escrita com a motivação para aprender e o trabalho em sala de aula com os apelos da sociedade letrada. Como estes não são aspectos superados pela escola brasileira[1], mais uma vez, justifica-se um debate que possa subsidiar as práticas de letramento na escola, atualizando os seus dilemas e fortalecendo as suas convicções.

O esquema a seguir[2] procura sintetizar os dois planos do debate, chamando a atenção para a relação dialética entre eles:

---

1. Muito pelo contrário, conforme procurei argumentar em meu texto, o conceito de letramento tem gerado confusões, dúvidas e inadequações na prática pedagógica.
2. Adaptado do original publicado em Colello, 2007.

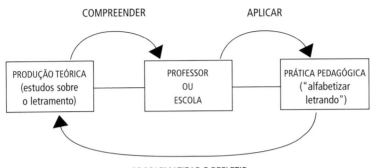

Considerando os dois planos do debate sobre o letramento, é possível afirmar que a alfabetização pressupõe uma delicada sutura entre a teoria e a prática, que a teoria sustenta a prática e esta, por sua vez, deveria redundar em novos questionamentos no plano das investigações teóricas e conceituais. Trata-se de uma relação dialética calcada em compreender, aplicar, problematizar e refletir, possibilidades estas que, sem dúvida, podem ser alimentadas pela consideração temática e, sobretudo, pelo resgate de polêmicas ainda insuficientemente exploradas. No âmago das dificuldades ou dúvidas de um professor com relação ao ensino da língua portuguesa, é possível situar problemas conceituais ou limites para a construção da prática escolar, ou ainda, a necessidade de ressignificar o seu trabalho em um contexto interpretativo que ilumine novas possibilidades de intervenção. Nesta perspectiva, os desafios dos docentes em sala de aula, as dificuldades no processo de alfabetização, os mecanismos de resistência dos professores às mudanças, a necessidade de divulgação das diferentes experiências práticas que vêm sendo realizadas, os inúmeros trabalhos que hoje se apresentam nos congressos e, por fim, o interesse que o tema desperta entre os educadores recuperam a gênese do debate e dão sentido à sua continuidade. Um debate que, indiscutivelmente, atesta a atualidade do letramento.

**Sérgio:** O texto aborda a importante questão do "esvaziamento do processo de alfabetização", que pode ser assim resumida: "Entusiasmados pela compreensão ampla da escrita [...], os educadores, a partir de meados dos anos 1990, correram o risco de tornar suas salas de aula 'centros genéricos e difusos de estímulo à leitura e escrita', perdendo de vista a atenção mais específica a alguns aspectos da aprendizagem, como é o caso da consciência fonológica, do traçado das letras, da convencionalidade do sistema de escrita e de suas regras" (p. 100).

Este é mais um ponto abordado com o qual concordo plenamente. Aliás, entendo que esse processo de esvaziamento da alfabetização de fato ocorreu nas redes de ensino e ainda estamos vendo as consequências do quadro descrito. O problema é como explicá-lo: tenho dúvidas de que esse esvaziamento tenha ocorrido em função da chegada do conceito de letramento na área educacional. Há fortes indícios, na literatura, de que a leitura enganosa da teoria construtivista – representada pelo trabalho de Emilia Ferreiro –, realizada principalmente pelos órgãos centrais das secretarias de educação, forçou uma situação que levou muitos professores a se marginalizarem no processo de ensino-aprendizagem, situação já abordada por vários pesquisadores.

**Silvia:** Explicar o processo de esvaziamento da alfabetização é complexo porque requer a consideração de uma multiplicidade de fatores os quais não pretendo esgotar, como: o movimento de democratização do ensino no país com o ingresso maciço das camadas populares na escola; as políticas de educação para o delineamento de diretrizes e de formação continuada dos professores; a realidade da formação inicial dos educadores; a burocratização do sistema escolar; as condições de trabalho nas escolas; as dificuldades relacionadas com a elaboração e o desenvolvimento do projeto pedagógico; a pouca disponibilidade de recursos ou de materiais pedagógicos nas unidades escolares etc.

Entretanto, como dimensão privilegiada desse problema, vale a pena apontar a distância entre as pesquisas educacionais e a escola, a dissociação entre a teoria e a prática e, consequentemente, a lenta, difícil e até deturpada assimilação das "novas" ideias pelos professores ou pelas práticas pedagógicas. Foi o que ocorreu com o construtivismo – que, nas décadas de 1980 e 1990, alçado à condição de "modismo educacional", consagrou-se pelos paradoxos de conviver com boas propostas mal assimiladas, importantes contribuições pouco compreendidas e princípios relevantes subaproveitados.

Em face dos quadros alarmantes de analfabetismo, evasão e repetência nas séries iniciais, as primeiras pesquisas lideradas por Emilia Ferreiro (que nem tinham como alvo a prática pedagógica) foram tomadas apressadamente como propostas de trabalho, em uma transposição didática descabida que nem sempre considerava o tempo de assimilação dos professores ou mesmo a necessidade de outros estudos que subsidiassem o fazer em sala de aula. A preocupação com a deturpação de princípios e aplicações apressadas no trabalho pedagógico aparece claramente nas palavras de Emilia Ferreiro já em 1990 (p. 35):

Quando iniciamos com Ana Teberosky e outras pessoas as pesquisas sobre a psicogênese da língua escrita, tínhamos uma preocupação e também uma esperança educativa: que ela servisse para contribuir à solução do problema das crianças que fracassam na escola. Mas tínhamos também um certo medo com relação ao que iria acontecer no contexto escolar com os resultados alcançados pela pesquisa. Há uma diferença evidente entre as necessidades de uma pesquisa básica e as de uma prática educativa: as certezas na pesquisa básica são sempre poucas e o pesquisador sabe que se trata de verdades provisórias; no âmbito educativo, em contrapartida – por razões que nem sempre têm a ver com os próprios educadores, mas sim com o contexto no qual se desenvolve a ação e com expectativas sociais a ela vinculadas –, esperam-se certezas, e não verdades provisórias. Além disso, as certezas de que necessita um educador são muito mais numerosas do que as que ele encontra a sua disposição.

Quando um autor publica alguma coisa, quando põe a serviço público um resultado de pesquisa, sabe que isso necessariamente vai ser assimilado pelos usuários, e que muitas coisas acontecem durante esses processos de assimilação, a tal ponto que em alguns casos aquele autor já não se reconhece mais.

Isso explica porque tantos princípios e proposições construtivistas foram mal interpretados[3], chegando a comprometer até mesmo experiências educacionais bem-intencionadas.

---

3. A esse respeito, remeto o leitor interessado a um artigo no qual tive a oportunidade de discutir e sistematizar as tendências equivocadas e reducionistas feitas com base em proposições construtivistas (Colello e Luize, 2005).

Exemplos de práticas deturpadas podem ser percebidos ainda hoje com relativa frequência quando os professores usam os níveis conceituais descritos por Emilia Ferreiro e Ana Teberosky (pré--silábico, silábico, silábico-alfabético e alfabético) para dividir as classes e até como critério único de avaliação do rendimento; ou quando interpretam o interesse da escrita espontânea no início da alfabetização (originalmente defendida pelas autoras para promover entre as crianças um texto significativo, capaz de favorecer a reflexão linguística e a experimentação de hipóteses conceituais) como o preceito de "jamais corrigir as produções textuais" (um procedimento que, levado a cabo por um período prolongado, teve como consequência a formação de uma legião de jovens com graves problemas de escrita).

De modo semelhante, na década de 1990, os estudos sobre letramento geraram impacto entre os educadores, que, entusiasmados com a perspectiva de favorecer aos alunos o contato com múltiplas leituras e estimular na escola as práticas sociais de língua escrita, deixaram para segundo plano o trabalho mais sistemático com as especificidades da escrita – como a consciência fonológica e a assimilação de suas regras ou das arbitrariedades do sistema. Como um pêndulo que vai de um extremo ao outro, ao longo dos últimos anos, as práticas que centralizavam a escrita como objeto de aprendizagem correram o risco de ceder excessivo espaço para o uso social da escrita – como se ele, por si só, pudesse garantir a aquisição da escrita.

Enfim, entre as muitas causas que contribuíram para o esvaziamento das práticas alfabetizadoras, destacam-se as dificuldades para a apropriação das "novas" ideias, isto é, os problemas que inviabilizam a assimilação profunda e responsável do que foi proposto, tendo em vista as implicações para a prática de ensino. Com base nesta constatação, não se trata, evidentemente, de acusar os professores (o seu suposto despreparo, a sua provável indisponibilidade para estudar ou os seus eventuais mecanismos de resistência), mas de compreender a problemática mais ampla da educação no Brasil, em especial o abismo entre a produção do conhecimento pedagógico e a escola, ou seja, a segregação insustentável entre "os que pensam" e "os que fazem" a educação no país.

**Sérgio:** A professora Silvia aborda, em vários momentos, aspectos que podem ser relacionados com a metodologia da alfabetização. No final da primeira parte do texto, em um parágrafo síntese, a autora propõe que "intensificar a inserção do aluno no contexto da cultura escrita, promovendo de maneira sistemática atividades que possam favorecer o seu processo de construção cognitiva, de tal modo que, desde o início, ele tenha de, simultaneamente, lidar com os aspectos notacionais (como se escreve) e discursivos (para quem ou para quê se escreve) da língua" (p. 90).

Nesse sentido, tem sido frequente a observação de que, no modelo tradicional, a ênfase era colocada nos aspectos notacionais, mas com frágil base teórica; entretanto, hoje, a ênfase fica nos aspectos discursivos, com uma base teórica mais sólida, tendo sido minimizada, porém, a preocupação metodológica com os aspectos notacionais.

Na parte final do texto, o assunto é retomado pela autora, que afirma que "a inexistência de um método não significa, contudo, abrir mão de certa metodologia, isto é, de uma transposição pedagógica altamente refletida e planejada no contexto de cada escola e, em especial, de cada grupo classe" (p. 116-7).

Parece ser necessário um maior esclarecimento sobre o papel da metodologia, pois a questão relaciona-se diretamente com a mediação pedagógica desenvolvida em sala de aula, que inclui, de maneira evidente, o papel central do professor no processo de ensino-aprendizagem.

**Silvia:** Na história da educação, o desafio de ensinar a ler e escrever sempre esteve associado ao debate sobre os métodos de ensino, entendidos como a progressão de passos preestabelecida e sistematicamente organizada para garantir a aprendizagem do código. Divididos entre a proposta sintética (que vai da parte para o todo) e a analítica (que do todo segue para as unidades menores da língua), os educadores tinham em comum o pressuposto de que a aquisição da escrita consistia num processo de "aprendizagem em blocos", linear e cumulativo, ou seja, de que o conhecimento poderia ser fracionado em unidades de conteúdo (letras, sílabas simples, sílabas complexas, palavras), e ministrado por meio de uma progressão única projetada do "fácil" para o "difícil". Os educadores tinham também em comum a pretensão de controlar esse processo, acreditando que a aprendizagem deveria ser consequência do ensino.

A partir da década de 1980, com o avanço dos estudos linguísticos, psicolinguísticos, sociolinguísticos e psicológicos, ficou evidente que as propostas de ensino assim fixadas não contemplavam nem a natureza da língua (que não se reduz a um código) nem a complexidade da aprendizagem (que se processa por diferentes caminhos em diferentes processos) e muito menos o interesse educativo de formar sujeitos leitores e escritores. Além disso, a inflexibilidade na progressão prevista pelos métodos mostrou-se ineficiente tanto para lidar com a diversidade dos estudantes (seus saberes, motivações e práticas sociais de escrita) quanto com o ritmo da sua aprendizagem, roubando-lhes ainda a possibilidade de descoberta e envolvimento com a língua e reflexão sobre ela. Ensinava-se a escrever, mas pouco se permitia a aventura da comunicação.

Por todos esses motivos, não sou partidária de um método que, centrado rigidamente "no que se deve ensinar" e "no como e quando se deve ensinar", simplifique o conhecimento linguístico e não considere a perspectiva cognitiva ou sociocultural do estudante.

Abrir mão de um método não significa, contudo, abandonar o aluno à própria sorte, relegando-o ao avanço espontaneísta do conhecimento, tampouco desconsiderar o papel do professor no planejamento, no desenvolvimento e na avaliação das atividades pedagógicas. Muito pelo contrário, acredito na ação docente, entendendo-a com base na função de organizar e sistematizar a intervenção didática. É nesse sentido que se pode delinear uma intervenção docente a serviço de "intensificar a inserção do aluno no contexto da cultura escrita"; uma metodologia de trabalho que, justamente por não ser prefixada, tem a chance de se construir ao longo do processo em estreita sintonia com os estudantes e as especificidades do contexto escolar. Esta construção pedagógica é subsidiada por uma postura educativa calcada em:

1) Princípios do ensino (mencionados na Parte I deste livro) capazes de contemplar a natureza viva e dialógica da escrita, a singularidade dos processos cognitivos e o ajustamento das práticas pedagógicas aos condicionantes socioculturais da aprendizagem.

2) Objetivos claros e amplos da alfabetização como a formação do ser (Colello, 2007, p. 29-30):

- falante, já que o processo de construção da escrita não só parte da oralidade, como também acaba por redimensioná-la (o sujeito que escreve tende a melhor organizar a sua fala e a estabelecer significativas relações entre ambas as formas de manifestação);
- "poliglota", entendido aqui como a possibilidade de compreender, dominar e usar as várias formas de linguagem (a relação da escrita com outras linguagens como: desenho, música, diferentes dialetos etc.);
- produtor de texto, o "autor" que, além de poder escrever palavras e frases, tem competência para compor textos, enfrentando os desafios da sua produção, mas também se gratificando com a possibilidade de dar vida a pensamentos, ideias e fantasias;
- intérprete, em processos de leitura que, superando a mera decodificação, guiam-se pela busca de sentido e, assim, resgatam a dimensão dialógica do texto;
- leitor, aquele que, além de compreender e "dialogar com o texto", é capaz de descobrir o valor e o prazer da leitura nas suas diversas possibilidades e situações;
- revisor de texto, isto é, o sujeito que, tendo compreendido as regras e as arbitrariedades da língua escrita (consciência metalinguística) e, principalmente, o seu valor para a decodificação e leitura, coloca-se como agente e principal interessado no processo de autocorreção;

- estudante, usando a escrita para a multiplicação dos meios de aprendizagem e constituição dos hábitos de estudo;
- pesquisador, pela possibilidade ampliada de busca do saber, visando ao atendimento de curiosidades, interesses e necessidades não necessariamente escolares;
- pensante, porque integra o processo de construção da escrita ao conjunto de experiências que favorecem a organização do pensamento, assim como a possibilidade de interpretação e análise das ideias;
- social, na medida em que promove novos meios de inserção social, seja pelo desempenho de atividades funcionais rotineiras (assinar o nome, ler rótulos de produtos, anotar endereços e telefones), seja pela possibilidade de intercâmbio com o mundo em manifestações conscientes e críticas;
- consciente e autoconsciente, tendo em vista a concepção bakhtiniana da linguagem como fator constitutivo da pessoa.

3) Eixos de trabalho pedagógico que articulem a alfabetização com a experiência linguística: ouvir, falar, ler e escrever.

4) Frentes de trabalho pedagógico que, vinculadas aos princípios, objetivos e eixos acima relacionados, contemplem a complexidade da construção da escrita no processo de aprendizagem, tais como (Colello, 2007):

- construção e fortalecimento do universo simbólico;
- relação entre a oralidade e a escrita;
- usos e funções da escrita;

- funcionamento do sistema de escrita;
- dimensão fonética da escrita;
- relação todo-partes e sistematização das variações quantitativas e qualitativas da escrita;
- relações entre a leitura e a escrita;
- relações entre a fala e a escrita;
- relações entre as imagens e o texto (ou entre desenhar e escrever);
- conhecimentos dos portadores de texto;
- conhecimento dos gêneros de texto;
- relações entre a escrita e os demais sistemas de representação (linguagem matemática, gráficos, tabelas, linhas do tempo etc.);
- reflexões metalinguísticas (compreensão de regras e de arbitrariedades da língua);
- cultura literária.

5) Modalidades organizativas da atividade pedagógica que, na prática, estruturam o trabalho em sala de aula (Lerner, 2002):
   - projetos de trabalho pedagógico desenvolvidos em longo prazo, com base em um tema e com metas definidas (Sarraf e Colello, 2009);
   - atividades habituais em classe (por exemplo, as rodas de leitura);
   - sequências de atividades programadas para um fim específico;
   - situações independentes (oportunidades ocasionais de especial interesse e situações de sistematização).

6) Situações didáticas variadas, propostas e desenvolvidas em coerência com os pontos já mencionados. Entre tantas atividades possíveis, pode-se situar (Colello, 2007, p. 34-6):

- Atividades simbólicas: brincar de casinha, de trânsito, dramatização, desenho, mímica, maquetes, códigos, mapas, plantas de casas, gráficos etc.
- Atividades de conhecimento e de fantasia: pesquisas, vivências de fantasias, histórias, filmes, visitas, passeios, estudos do meio, dinâmicas para troca de informações etc. (afinal, é preciso ter o que escrever).
- Atividades técnicas, artísticas matemáticas e científicas: pesar, medir, classificar, seriar, agrupar, esquematizar, comparar, elaborar calendários, tabelas, gráficos etc.
- Atividades orais: seminários, debates, teatro, contar e reproduzir histórias, reconstituir diálogos, discutir livros, debater posições contrárias etc.
- Atividades de leitura: rodas de história, pseudoleitura (fingir a leitura), leitura individual, em duplas, em grupo, coleção de revistinhas, jogral, jornal falado, leitura em diferentes suportes (livros, jornais, embalagens, poesias etc.).
- Atividades de produção: pseudoescrita (fingir que escreve), escrita com escriba (feita por outra pessoa), escrita em diferentes suportes e com diferentes objetivos, composição de um livro, feitura de jornal, registro de atividades, escritas livres individuais ou coletivas etc.
- Atividades com palavras: escritura do nome, aquisição de outras formas de palavras estáveis, bingo de palavras, jogo de memória, cruzadinha, caça-palavras, rotular imagens e objetos, criar títulos etc.

- Atividades com textos: procurar palavras ou frases em um texto, cortar/ordenar os parágrafos de um texto, ampliar/reduzir textos, reescrever ou revisar textos etc.
- Atividades com gêneros: listas, poemas, convites, contos, biografias, advinhas, relatos, questionários, escrever de diferentes pontos de vista, escrever de outro jeito ou para outros fins etc.
- Atividades com imagens: contar/escrever histórias por meio de desenhos ou conjunto de figuras, ilustrar um texto, escrever um título para uma imagem, histórias em quadrinhos etc.
- Atividades de correção e convencionalidade: brincadeiras com letras/números, escritas/correções coletivas, autocorreção, exploração do dicionário (descoberta da sua organização e consultas a ele), construção de uma gramática, trabalhos de "tradução" de diferentes tipos de letras (bastão, cursiva), atividades lúdicas para correção, dedução e sistematização de regras, revisão de textos etc.
- Atividades de consciência metalinguística: consultas a dicionário sobre termos regionais, pesquisas sobre as diferentes formas de se falar, os diversos dialetos e formas de pronúncia ou sotaque, imitação de falas etc.
- Atividades de análise e síntese da escrita (relação todo-partes): associar e separar letras de uma palavra, recriar palavras, antecipar quantidade ou variedade de letras, jogo de forca, escrever palavras com letras ou sílabas sorteadas etc.

Em síntese, acredito que, pautando-nos em diretrizes fundamentadas de trabalho pedagógico e em objetivos amplos de ensino, é possível utilizar eixos de intervenção voltados para frentes de operação cognitiva, o que se concretiza em modalidades organizativas pela pluralidade de situações didáticas. Balizada por esses pontos, a metodologia se constitui não como um processo pronto e prefixado, mas como uma construção do professor na relação com seus alunos; uma prática que, pela mediação docente, é concretizada em situações desafiadoras e significativas em prol da reflexão e compreensão do sistema linguístico em um determinado contexto de uso.

Nessa perspectiva, vale destacar que a preocupação metodológica com os aspectos notacionais (com frequência desconsiderada pelas atuais práticas pedagógicas) aparece intrinsecamente vinculada aos aspectos discursivos e passa a integrar o âmbito mais amplo da formação do sujeito leitor e escritor.

**Sérgio:** As observações que fiz, no meu texto, sobre a necessidade de um projeto de letramento para a escola parecem coerentes com a retomada da ideia, apresentada pela professora Silvia, da escola como ambiente alfabetizador. Todas as suas observações sobre o tema podem ser interpretadas como diretrizes para o trabalho pedagógico relacionado com um projeto de letramento a ser desenvolvido na escola, o que extrapola, evidentemente, as séries iniciais, envolvendo a escola como um todo.

Seria interessante que, nesse contexto, fossem identificadas algumas condições institucionais para sua consecução, dado que tais sugestões envolvem vários docentes, principalmente os da área de língua portuguesa, além de exigirem uma coordenação. Da mesma forma, seria de grande relevância situar, nesse processo, o período de alfabetização. Finalmente, poder-se-ia afirmar que o grande objetivo de ensino da área de língua portuguesa, na escola, deveria ser o próprio letramento?

**Silvia:** Quando a língua escrita é compreendida como um objeto de conhecimento que se articula, de um lado, com o próprio desenvolvimento linguístico do sujeito e as perspectivas de comunicação em dado contexto sociocultural e, de outro, com a possibilidade de reflexão metalinguística atrelada aos processos comunicativos (o ajustamento do dizer nos propósitos sociais, a busca da forma mais adequada de expressão, a constituição do estilo, a conformação do gênero em função do que se quer dizer), fica difícil fixar um período restrito para a alfabetização. Podemos, é claro, situar os primeiros anos do Ensino Fundamental como um momento privilegiado nesse processo de aprendizagem, mas que não se esgota em si mesmo, tendo em vista a inviabilidade de se estipular o "início ou o fim" do aprender a ler e escrever. De fato, podemos dizer que a alfabetização, muito antes de ser sistematizada pela vivência escolar, já é um processo em curso para a criança pequena que, vivendo em um ambiente letrado, participa das experiências de leitura e escrita da sua comunidade. Além disso, se considerarmos que o efetivo leitor e escritor é aquele que, a despeito da experiência já constituída (ou justamente em função dela), busca constantemente novos mecanismos de produção e interpretação, podemos pensar o processo de alfabetização como um investimento cognitivo, educacional e político de longo prazo.

Um investimento que se confunde com o próprio letramento?

Como a assimilação do conceito "letramento" no Brasil está bastante atrelada à definição estabelecida por Magda Soares (1998), que distingue esse processo da alfabetização propriamente dita, situar o objetivo do ensino da língua portuguesa no letramento poderia suscitar interpretações pedagógicas e o desenvolvimento de procedimentos didáticos que descaracterizariam a especificidade do ler e escrever, conforme pretendi demonstrar na Parte I deste livro. Por isso, uma vez mais, faço questão de situar a alfabetização como o complexo processo de aprofundar a relação do sujeito no contexto do universo letrado, garantindo, pelo efetivo uso da linguagem, as possibilidades de compreensão e reflexão sobre a língua em sua especificidade. Em um só termo (e não sem correr o risco de redundância[4]), é nesse sentido que se pode falar no "alfabetizar letrando".

Uma vez posto o conceito e defendida a sua dimensão de longo prazo, resta discutir as condições institucionais para a constituição da escola como "ambiente alfabetizador", isto é, como uma comunidade de leitores e escritores. A esse respeito, importa pontuar alguns princípios que deveriam nortear o ensino da escrita na escola:

- O trabalho da escola realizado pela equipe, o que significa não só a corresponsabilização dos professores e demais educadores no planejamento, desenvolvimento e avaliação da intervenção pedagógica, como também a viabilidade da formação continuada, entendida aqui como a possibilidade de estudo coletivo, de pesquisa e reflexão crítica sobre a própria prática, assim como o intercâmbio de experiências, materiais e saberes.
- O trabalho da escola desenvolvido em parceria com as famílias e a comunidade, o que requer o esforço de aproximação

---

4. Redundância porque não há alfabetização sem letramento nem letramento sem alfabetização.

entre pais e educadores em iniciativas marcadas pela compreensão, cumplicidade e pelo respeito.

- O trabalho de escrita que possa se ajustar, em longo prazo, aos diferentes segmentos e disciplinas da escolaridade: o ensino da língua escrita como um eixo do trabalho pedagógico e não como um conteúdo específico de língua portuguesa.
- O trabalho com a língua escrita que possa articular as dimensões afetiva e cognitiva na construção do saber.
- O trabalho de escrita que, realizado na escola, possa se projetar para além dela, favorecendo o acesso e promovendo tanto o gosto como os hábitos de leitura.

Mesmo defendendo os postulados acima, tenho restrições em propor a alfabetização ou as condições institucionais da escola em uma dimensão prescritiva (conforme procurei defender na questão anterior). Quando o discurso assume o plano do "dever" ("A boa escola é aquela que...", "O professor competente tem de...", "A prática pedagógica eficiente deveria..."), corre-se o risco de se instituir um modelo prefixado e ideal que não necessariamente contempla a realidade da instituição, o perfil dos estudantes ou a possibilidade dos professores. Por isso, em vez de se enquadrar no protótipo do que é prescrito, acredito no trabalho escolar como uma contínua busca marcada pela construção e reconstrução em prol do progressivo ajustamento do trabalho e em estreita sintonia com o contexto e com as efetivas possibilidades de intervenção. Se regido pela fundamentação teórica, consciência crítica e disponibilidade para a ação, o trabalho de alfabetização realizado na escola pode se assumir em uma dimensão viva que não perece pela institucionalização forçada de um modelo existente apenas no papel. A constante busca de alternativas e a revisão crítica das práticas pedagógicas fazem parte do trabalho de uma escola que pretende construir o seu projeto educativo e buscar a sua identidade. É nesse sentido que podemos defender o socioconstrutivismo na forma de uma "pedagogia em processo": a língua se tornando uma efetiva possibilidade aos estudantes, a escola se construindo, o professor refletindo e o aluno aprendendo...

**Silvia:** Em função dos avanços teóricos relacionados com a temática da alfabetização e do letramento, constatamos, no sistema educacional, verdadeiros modismos que nem sempre transformam a realidade do ensino. Os referenciais mudam e, com eles, as diretrizes de funcionamento dos sistemas escolares nacionais, estaduais, municipais e até particulares, mas o dia a dia nas salas de aula avança lentamente, esbarrando em paradigmas superados ou mecanismos de resistência. As escolas têm dificuldade de estruturar uma prática sistematizada de ensino. O professor continua abandonado no seu fazer pedagógico, e o sucesso do seu trabalho parece depender mais do seu desempenho individual do que da boa articulação da equipe escolar. A afetividade não tem espaço nas práticas de ensino e a diversidade entre os alunos é pouco considerada. O que explica essa realidade e como lidar com ela nos âmbitos macro (o sistema público de ensino) e micro (a unidade escolar)?

**Sérgio:** A questão que se coloca é bastante ampla, possibilitando inúmeras alternativas de análise; daí a dificuldade de responder. Assim, opto por um caminho que me parece mais adequado: esclarecer a minha concepção de escola e analisar as alternativas de atuação, nessa realidade, dos educadores comprometidos com a construção de uma sociedade mais justa.

Bárbara Freitag (1986) já nos ensinava que as políticas educacionais desenvolvidas nos diversos países refletem, inevitavelmente, as condições existentes nas três grandes esferas: econômica, política e social. Ou seja, a política educacional sempre expressa determinada concepção ideológica – visão de homem, de mundo, de sociedade, valores etc. – defendida pelos setores dominantes da sociedade. Nos países capitalistas, por exemplo, isso é observado nas constantes tentativas do Estado de direcionar o sistema educacional para a formação da mão de obra, visando atender às demandas da produção, em detrimento de outras opções de projetos político-pedagógicos para as escolas.

Assim, uma grande questão se coloca: é possível a atuação de educadores comprometidos com o processo de transformação social no interior da escola? Penso que a resposta vai depender da nossa concepção sobre o papel da escola na sociedade. Ou seja, a concepção que se tem sobre a escola vai determinar a forma como se atua nela.

Freitag mostra que, a partir do final do século XIX, algumas concepções sobre o papel da escola, nos países capitalistas, dominaram o pensamento pedagógico, muitas vezes sem o necessário olhar crítico dos educadores. Nessa perspectiva, entende-se, por exemplo, a concepção de escola relacionada com sua função socializadora, defendida por autores como Émile Durkheim e Talcott Parsons: o principal papel da escola seria preparar o indivíduo para a vida na sociedade. Na direção semelhante, John Dewey e Karl Mannheim, conhecidos adeptos da filosofia pragmatista, defendem que a escola tem papel fundamental na preparação do indivíduo para se inserir na sociedade democrática.

Tais concepções, no entanto, têm sido criticadas na medida em que preservam para a educação um papel conservador, de manutenção do *status quo*, desconsiderando uma possível dimensão transformadora e emancipatória do processo educacional desenvolvido nas escolas.

Outra concepção, muito presente na atual economia globalizada e conhecida como *economia da educação*, é defendida por autores como Gary Becker, Theodor Schultz, Friedrich Edding e Robert Solow: a educação seria o terceiro fator, além do capital e do trabalho, a explicar o crescimento excedente das modernas economias capitalistas. A consequência é o crescente investimento, nos países ocidentais, em políticas educacionais visando à formação de recursos humanos – o chamado *capital humano* –, cuja tarefa passa a ser assumida gradualmente pelo Estado, por intermédio do sistema educacional.

Não se pode esquecer das visões críticas, presentes nas conhecidas concepções reprodutivistas de Pierre Bourdieu e Jean Claude Passeron: para eles, o sistema educacional teria como principal objetivo a manutenção das formas de reproduzir as relações sociais de produção, o que levou a escola a ser identificada como reprodutora da ideologia das classes dominantes; além disso, possibilitou compreender o sistema educacional reproduzindo a própria divisão social de classes, por meio de uma dualidade educacional, onde coexistem escolas para os ricos - geralmente particulares e de boa qualidade – e escolas para os pobres – públicas e de qualidade inferior.

As concepções reprodutivistas foram aprofundadas pelos referenciais marxistas defendidos por autores como Louis Althusser, Nicos Poulantzas e Roger Establet: caracterizam a escola como um *aparelho ideológico do Estado*, cumprindo as funções de reprodução das relações materiais e sociais de produção. Nessa perspectiva, a alternativa de mudança só é possível pela via revolucionária, o que supõe que a escola não se colocaria, prioritariamente, como instância de transformação social.

Para Bárbara Freitag, esse conflito foi superado com as ideias de Antonio Gramsci. Com base em uma nova leitura sobre as relações entre a *sociedade política* e a *sociedade civil*, proposta pelo autor, fica evidente a importância da escola, e das demais instituições da sociedade civil, no processo de transformação social, uma vez que nesses espaços ocorrem, de maneira efetiva, os conflitos ideológicos que produzem o avanço histórico. Daí a importância de os *intelectuais orgânicos* atuarem nessas instâncias da sociedade civil.

Inspirado por esse referencial, tive a oportunidade de escrever sobre o tema (Leite, 2007), sendo oportuno, aqui, apresentar uma síntese das minhas ideias: a) nenhuma política educacional é neutra, do ponto de vista ideológico; b) toda política educacional é sempre reflexo das instâncias econômica, social e política; tal relação é marcante nas atuais sociedades capitalistas; c) o estado capitalista tenta conseguir o máximo controle sobre as políticas educacionais, dominando as instâncias de financiamento, administração, gestão e formação dos educadores; d) desmistifica-se a ideia da escola como panaceia do homem – solução para todos os seus problemas; sem negar o seu importante papel no processo de constituição dos indivíduos, reconheço, no entanto, que os principais determinantes do desenvolvimento social, no capitalismo, são fatores situados nas instâncias política e econômica; e) a escola, no entanto, não é um mero aparelho ideológico, manipulado mecanicamente pelo Estado; a consecução de sua função hegemônica na educação vai depender da presença, concreta e efetiva, de educadores na escola, comprometidos com as contraideologias, transformando a escola em um espaço para o contínuo exercício de reflexão crítica sobre a realidade; f) isso transforma a escola em uma instituição com grande potencial para a formação da consciência crítica, necessária ao processo de transformação social; g) tal poder de conscientização vai depender, basicamente, das concepções e dos compromissos dos educadores e profissionais que atuam no interior da escola.

Retomando a pergunta inicialmente colocada, entendo que essas ideias ajudam a encaminhar parte da resposta, no que se refere, pelo menos, ao "âmbito macro". Fica evidente que os rumos assumidos pela política educacional dependem desse processo de contínuo confronto entre os diversos setores sociais que buscam direcionar a política em função dos seus respectivos interesses: em geral, tais tendências reduzem-se a concepções conservadoras ou transformadoras do *status quo*.

Nesse sentido, é possível discutir alternativas de ação que possibilitem aos educadores participar como atores no processo de formulação ou mudança das políticas educacionais em nosso país.

Não creio em soluções mágicas, nem acredito que, hoje, sejam possíveis mudanças históricas rápidas e imediatas; ao contrário, entendo que o processo de transformação social é gradual e constante, dependendo sempre do equilíbrio de forças existentes, em cada momento, em dada sociedade. Nessa perspectiva, a saída que se coloca para os profissionais comprometidos com a mudança social é a participação ativa em coletivos que discutem e procuram participar, de forma politicamente organizada, do processo de elaboração das políticas educacionais. Os rumos que a política educacional segue, e que acabam se refletindo de maneira concreta no interior da escola, dependem desse jogo político desempenhado pelos diversos segmentos sociais envolvidos, o que pressupõe um mínimo de organização desses grupos. Não vejo sentido ou efeito na ação individual de educadores, profissionais ou pesquisadores, por mais boa vontade que tenham. A principal alternativa de que um profissional dispõe para contribuir com as mudanças na educação é a participação ativa em coletivos – grupos, sindicatos, associações científicas, entidades, instâncias educacionais etc. – comprometidos com o desenvolvimento de um sistema educacional público, democrático e de qualidade.

**Silvia:** Vejamos um trecho interessante do texto do professor Sérgio (p. 22):

> [...] a maioria das intervenções de um professor alfabetizador, no trabalho com os alunos, é de natureza político-ideológica, na medida em que reflete suas concepções de homem, de sociedade, de educação, de cidadania, de escrita e do próprio papel da alfabetização no processo de constituição dos cidadãos. Ou seja, não são decisões de natureza técnica ou científica. Isto, é óbvio, não exclui o papel das contribuições específicas das diversas áreas do conhecimento. Mas é necessário reconhecer que todo esse arcabouço de ideias, concepções e conhecimentos, no seu conjunto, deverá contribuir para a construção de propostas e projetos peda-

gógicos que devem ser elaborados, discutidos, acompanhados e avaliados pelo coletivo dos educadores no interior da escola.

A profundidade e relevância dessa afirmação trazem fortes implicações para a formação docente. Em face da realidade educacional brasileira e dos apelos da sociedade letrada, somos levados a questionar: como conciliar na formação docente (inicial e continuada) a competência técnica, a apropriação científica e a postura político-ideológica? Como formar educadores comprometidos com o exercício do trabalho coletivo e com a afetividade no ambiente escolar? Como preparar os professores para uma intervenção sistematizada que possa constituir uma alfabetização crítica?

**Sérgio:** Essa segunda questão também apresenta uma ampla gama de aspectos, embora o foco esteja centrado na formação docente; ou, em termos histórico-sociais, na constituição do sujeito como docente.

Trata-se de um tema sobre o qual há vasta e diversa produção teórico-científica e que continua sendo objeto de discussão e análise nas instâncias educacionais, em especial nas faculdades de Educação.

Inicialmente, quero me referir ao primeiro aspecto apresentado na pergunta: "como conciliar na formação docente (inicial e continuada) a competência técnica, a apropriação científica e a postura político-ideológica?"

Durante aos anos 1980, houve, em nosso meio, um interessante debate sobre o processo de formação de professores, do qual participaram autores que, na época, eram orientandos do professor Dermeval Saviani, da PUC de São Paulo. Um dos eixos da discussão abordava a questão da competência técnica contrastada com o compromisso político na formação dos professores[5]. Obviamente, o próprio grupo citado desenvolveu concepções teóricas que superaram possíveis dicotomias no processo de formação docente. Penso que, hoje, não se questiona que a formação docente deve ser marcada pelas duas dimensões: pela competência técnica – relacionada ao saber-fazer – e pelo compromisso político – balizador da prática pedagógica –, embora se reconheça que haja outras dimensões a ser também consideradas.

Entretanto, no que se refere à formação docente, é necessário um olhar analítico mais cuidadoso, apesar das limitações que se colocam neste texto. Julgo importante argumentar, a princípio, que as concepções sobre formação docente também refletem os conceitos dominantes, no ambiente educacional de dada época, sobre o papel da escola, o processo de ensino-aprendizagem, o currículo escolar, entre outros – além, obviamente, do próprio papel do professor. É possível identificar, com base nessas considerações, que o pensamento tradicional concebia o professor como um "técnico especialista que aplica com rigor as regras que derivam do conhecimento científico" (Gomes, 1992, p. 96), posição também conhecida como *racionalidade técnica*.

Uma primeira consequência dessa concepção é a divisão de trabalho na esfera educacional, marcado por relações hierarquizadas: de um lado, os que produzem ou organizam o conhecimento a ser transmitido (especialistas) e, do outro, os que aplicam/transmitem esse conhecimento (no caso, os professores). Tal concepção ainda está muito presente na nossa cultura escolar.

---

5. Para mais informações, veja Mello (1982).

Outra implicação relevante dessa concepção tradicional é o pressuposto de que a ação docente atrela-se à gestão escolar, marcadamente centralizadora, e não se vincula às instâncias e aos processos coletivos, no interior da escola. Com isso, centrados no trabalho individual, os professores não conseguem ter uma visão de totalidade do processo educacional.

As principais consequências dessa forma tradicional, individualista e hierarquizada de pensar a organização escolar e o papel do docente são bastante conhecidas: de um lado, impedem o desenvolvimento de espaços coletivos no interior da escola que possibilitem a discussão dos próprios objetivos de ensino e as práticas pedagógicas; de outro, prejudicam o desenvolvimento do processo educacional na perspectiva da formação do cidadão crítico, o que exige um projeto pedagógico produzido e administrado coletivamente pelos professores e demais profissionais presentes na escola.

A partir dos anos 1980, esse modelo começou a ser questionado, com a apresentação de propostas de novos princípios balizadores. Merece destaque o trabalho de Nóvoa (1992), com uma coletânea de artigos assinados por pesquisadores que tiveram grande repercussão em nosso meio.

Uma das mais importantes contribuições desse grupo de autores é o conceito de *desenvolvimento profissional* dos docentes como processo permanente. Garcia (1992) propôs que a formação docente seja entendida como um *continuum,* do qual a formação inicial é parte integrante, mas que corresponde a uma primeira fase de um longo e diferenciado processo, que prossegue como educação continuada (o autor usou o termo "formação permanente"). Assim, o desenvolvimento profissional é um processo contínuo e permanente, sendo necessária a existência de uma política de Estado que garanta tanto a formação inicial de qualidade, quanto a possibilidade do contínuo aprimoramento profissional dos docentes.

Além disso, tanto os órgãos centrais das redes de ensino quanto as instituições educacionais devem prever, no projeto político pedagógico, as condições para que o processo de desenvolvimento profissional dos docentes também ocorra no próprio interior da instituição. Isto aponta uma segunda importante característica, apresentada por Nóvoa, da formação docente: o processo de desenvolvimento profissional deve ser centrado na prática/experiência do próprio docente. Hoje, é amplamente aceita a ideia de que o desenvolvimento dos docentes não pode ocorrer dissociado da prática e que ambas, a formação inicial e a continuada, devem ser planejadas na perspectiva da contínua relação entre teoria e prática.

Uma terceira característica, no trabalho de Nóvoa, enfoca a necessidade de formar o professor reflexivo. Isso porque o processo de reflexão constitui o meio pelo qual os professores constroem seus conhecimentos, com base na análise e na interpretação de suas práticas. Refiro-me aqui, obviamente, ao processo de reflexão centrado nas práticas pedagógicas, desenvolvido de maneira coletiva pelo conjunto dos professores na escola, permitindo explicitar as bases teóricas e os valores subjacentes a essa prática, os interesses envolvidos etc.

Partindo dessas colocações, a discussão pode centrar-se nos desafios institucionais que se apresentam. Se o processo de educação continuada deve estar ancorado nas práticas pedagógicas, então precisa ser desenvolvido, prioritariamente, no interior das escolas, na perspectiva do trabalho coletivo, que passa a ser entendido como condição fundamental para o processo de desenvolvimento profissional dos professores.

No modelo tradicional de organização escolar, a principal consequência da prática individualista e hierarquizada, desenvolvida pelos professores, é a impossibilidade de construção efetiva de propostas educacionais que extrapolem os limites da ação de cada professor, isoladamente. Como exemplo, retomo a questão da alfabetização na perspectiva do letramento: se o objetivo é formar o aluno como um competente leitor e produtor de textos, com certeza esta não é uma tarefa só das séries iniciais; para sua consecução, é necessário que todos os docentes, em especial os da área de língua portuguesa, identifiquem e assumam diretrizes pedagógicas comuns que orientarão e balizarão suas práticas em sala de aula. Além disso, tal desafio demanda um conhecimento teórico que sustente e signifique adequadamente as propostas apresentadas. Assim, o trabalho coletivo e a reflexão crítica adquirem um novo e importante papel, como condições para que a escola alcance os objetivos propostos.

Em outro trabalho (Leite, 2000), desenvolvi uma reflexão sobre os níveis de organização dos docentes no espaço escolar. Defendi a necessidade de três níveis, que devem ocorrer, em paralelo, na situação institucional: a) organização da assembleia escolar, na qual se discutem as diretrizes do projeto político-pedagógico, inclusive os objetivos gerais e os principais valores educacionais assumidos pelo grupo; essa instância deve se reunir, no mínimo, semestralmente; b) organização por componente ou área curricular: espaço de planejamento detalhado de cada área, no qual os docentes definem diretrizes pedagógicas comuns, objetivos, conteúdos etc. a ser desenvolvidos em todas as etapas/séries (considerando que essa é ainda a estrutura curricular predominante em nossas escolas); é aí que os docentes devem planejar, por exemplo, o projeto de letramento da escola; idem para os projetos de matemática, de ciências etc.; por sua natureza, essa instância deve ter encontros mais frequentes, no mínimo bimestralmente ou sempre que necessário; c) organização por série ou nível, reunindo docentes que ministram aulas para as mesmas turmas; trocam-se experiências e informações ou planejam-se projetos interdisciplinares.

Obviamente, tal proposta coloca-se como condição ideal, não se apresentando como modelo fechado. É possível que escolas enfatizem determinado tipo de organização, mas o que deve ser garantido é a possibilidade de os docentes planejarem, discutirem, trocarem experiências e avaliarem, de maneira coletiva e contínua, suas práticas pedagógicas de forma planejada, rompendo com as velhas práticas individualistas e hierarquizadas.

O pressuposto subjacente é que essas ideias podem se tornar importantes instrumentos para a construção de uma escola efetivamente democrática: uma escola que garanta o acesso e a permanência de todos os alunos; que garanta que todos os alunos tenham condições efetivas de se apropriar, com sucesso, dos conhecimentos necessários e relevantes para o seu desenvolvimento individual. Uma escola caracterizada por relações democráticas de trabalho.

Relembro, por fim, que essas ou outras propostas de organização docente não são processos naturais ou espontâneos, mas consequência do planejamento do trabalho dos gestores escolares. Destaco, nesse quadro, além do diretor, o profissional responsável pela coordenação pedagógica da escola, que deverá liderar e administrar todo o processo organizativo. Sua função é criar as condições facilitadoras para o trabalho coletivo na escola, o que exige preparo e sensibilidade nas relações profissionais.

Certamente, não defendo aqui que o processo de desenvolvimento profissional dos professores ocorra somente no interior das instituições. Porém, uma escola que consiga organização docente semelhante estará criando as condições básicas para que os docentes progridam no seu processo de constituição como educadores.

**Silvia:** Ao considerar as contribuições teóricas dos diversos autores nos diferentes campos do conhecimento que mudaram as perspectivas da alfabetização nos últimos trinta anos, somos obrigados a operar em dois planos: os estudos (ou propostas) em si e os modos como eles foram assimilados e interpretados.

Em trabalhos anteriores (Colello e Luize, 2005; Colello, 2009), tive a oportunidade de discutir a assimilação reducionista e até deturpada dos trabalhos de Emilia Ferreiro. Entre os pontos de maior confusão está a psicogenética (a construção cognitiva como um processo ativo e pessoal que se opera com base nas experiências vividas) relacionada com "ausência de intervenções pedagógicas para não 'atrapalhar' o processo individual de aprendizagem, isto é, sem a preocupação de propor experiências ou situações favoráveis à construção do conhecimento" (Colello e Luize, 2005, p. 21). Outro engano é o entendimento de que Ferreiro (2001) desconsidera a dimensão cultural da escrita. Enfim, preocupa-me a avaliação do trabalho da referida pesquisadora argentina, tomando-o como "o referencial" construtivista sem levar em conta: 1) o recorte de seus propósitos investigativos; e 2) o trabalho de inúmeros educadores que, ancorados no mesmo referencial teórico que ela, preocuparam-se em estudar a transposição pedagógica.

No que diz respeito ao primeiro aspecto, sabemos que a pesquisadora nunca se dispôs a estudar as práticas de ensino. Em inúmeras oportunidades ela reafirmou seus propósitos de se ocupar com a pesquisa básica (os processos cognitivos envolvidos na construção da escrita) e não com a aplicada (no caso, a prática de ensino). Diversas vezes, teve o cuidado de dizer que não se assume como educadora e que não se predispõe a ditar práticas pedagógicas para a alfabetização. Isso não significa que ela desvaloriza a intervenção docente ou que subestime a necessidade de um trabalho pedagógico planejado e sistematizado em sintonia com os alunos e com os seus contextos socioculturais. Muito pelo contrário!

No que diz respeito ao segundo aspecto, importa considerar as iniciativas de tantos educadores que se ocuparam com as diretrizes e práticas do ensino da escrita, entre eles Ladsman (1993), Lerner (2002), Teberosky (1990), Teberosky e Cardoso (1990), Teberosky e Colomer (2003), Silva (1988), e Weisz (2002). Na análise de suas propostas, não só fica evidente a valorização da intervenção docente, como também a defesa de um trabalho sistematizado em claras diretrizes de ensino e de intervenção docente. Calcadas nessas bases, inúmeras experiências comprovam a viabilidade de projetos educativos baseados nos ensinamentos de Emilia Ferreiro.

Assim, se é verdade que o construtivismo gerou/vem gerando práticas desorganizadas, pouco sistematizadas e até equivocadas, é igualmente verdadeira a constatação da sua contribuição para repensar as práticas alfabetizadoras. Nesse sentido, cabe perguntar: não seriam as desastrosas implantações do construtivismo um produto da assimilação deformada de princípios, da dificuldade da formação docente e das precárias condições de trabalho na escola?

Além disso, ao reconhecer que, até a década de 1980, tínhamos menos teoria e mais práticas alfabetizadoras e, a partir desse período, temos mais teorias e menos práticas (em ambos os momentos sem o desejável resultado no campo da alfabetização), somos, mais uma vez, obrigados a enfrentar os desafios da prática pedagógica. Nesse sentido, cabe perguntar: como colocar os referenciais teóricos relativos à alfabetização e letramento a serviço de práticas pedagógicas eficientes? Em vez de buscar um modelo de ensino (ou de pensar em uma experiência para nortear práticas de sucesso), não deveríamos nós – pesquisadores e educadores – nos ocupar com mecanismos de transposição pedagógica que contemplassem a diversidade de nossas configurações culturais e a especificidade de nossas escolas?

**Sérgio:** Essa pergunta enfoca as contribuições do trabalho de Emilia Ferreiro e as formas como suas descobertas foram assimiladas pelos diversos atores envolvidos com as práticas pedagógicas.

Concordo com a maioria dos argumentos apresentados, os quais não diferem, basicamente, das ideias que desenvolvi no meu texto. No entanto, julgo necessário rediscutir alguns aspectos sobre o tema.

A primeira observação relaciona-se à "assimilação reducionista e até deturpada dos trabalhos de Emilia Ferreiro", assunto analisado anteriormente pela própria autora da pergunta (Colello, 2005). A professora Silvia Colello reconhece que o maior problema observado foi decorrente de uma interpretação da teoria segundo a qual o professor não deve intervir "para não atrapalhar o processo individual de aprendizagem".

No mesmo sentido, concordo com a afirmação de que esse foi, provavelmente, o maior problema dessa leitura equivocada sobre a teoria construtivista, em especial sobre o trabalho de Emilia Ferreiro. No meu texto, recorro a outros autores que reafirmam a mesma opinião, reconhecendo as complicações surgidas no cenário educacional depois dessas interpretações.

No entanto, devo ressaltar que o problema realmente se concretizou quando os órgãos centrais das secretarias de educação estaduais e municipais – e aqui destaco o papel desempenhado pela Coordenadoria de Estudos e Normas Pedagógicas da Secretaria Estadual de Educação de São Paulo (Cenp) –, encantados com as ideias recém-chegadas, passaram a criar e implantar propostas metodológicas de alfabetização baseadas no construtivismo, ou seja, passaram a propor um "método construtivista". Essas propostas são fortemente marcadas pela ênfase no processo de construção do conhecimento no sujeito/aluno, com a inevitável marginalização do papel da intervenção pedagógica do professor. Assim, em pouco tempo o conceito de *ensino* foi banido dos documentos oficiais: o professor não ensina, o aluno é que constrói, basta que seja inserido em um ambiente alfabetizador.

Mais recentemente, Mendonça e Mendonça (2007, p. 54) retomaram a questão, tentando identificar com mais precisão o que chamam de "consequências dos equívocos da interpretação da psicogênese da língua escrita". Segundo esses autores – para quem "a mediação do alfabetizador não o desobriga de seu papel de informante sobre as convenções do código escrito" (p. 48) – essas consequências são bem conhecidas e podem assim ser resumidas:

- geraram confusão entre os conceitos de alfabetização e letramento, que, para Ferreiro, são entendidos como sinônimos; para os autores, esses conceitos devem ser diferenciados: a alfabetização relaciona-se com o domínio do código e das

habilidades necessárias para ler e escrever – o que Soares caracteriza como *tecnologia da escrita*;
- possibilitaram a perda da especificidade do processo de alfabetização: para os autores, "trabalha-se o que é específico à alfabetização quando se ensinam as relações entre fonemas e grafemas" (p. 58), embora reconheçam que alfabetização não é pré-requisito para o letramento, mas ambos os processos devem ser desenvolvidos concomitantemente;
- promoveram a crença de que "os alunos aprendem a escrever só de ver o professor escrevendo na lousa" (p. 60); para os autores, tal crença explica o fracasso de propostas pedagógicas construídas sobre essas bases;
- promoveram a crença de que "não precisa ensinar, a criança aprende sozinha" (p. 61); para os autores, a alfabetização exige trabalho sistemático, com objetivos determinados, esforço, persistência e determinação;
- divulgaram a ideia de que "o professor não pode corrigir o aluno" (p. 65), baseada no conceito de *erro construtivo*, da teoria piagetiana; os autores reconhecem a importância e a necessidade da correção, inclusive para o próprio processo de construção de hipóteses pelo aluno;
- promoveram "o preconceito contra a sílaba" (p. 69); para os autores, é fundamental apresentar a sílaba no processo, embora não defendam o modelo cartilhesco tradicional; a alternativa que apontam é a silabação baseada na palavra geradora, de inspiração freiriana;
- promoveram a crença de que "como a teoria construtivista afirma que é o sujeito que constrói seu conhecimento, o professor não pode intervir" (p. 70); este, o maior engano ocorrido.

Partindo desses equívocos constatados, Mendonça e Mendonça (2007, p. 66) apontam a ocorrência, principalmente no ensino público, de um verdadeiro "ciclo de produção de analfabetos", dadas as imposições feitas pelos órgãos centrais das secretarias de Educação.

Entretanto, essas críticas não impedem que se reconheçam as inúmeras contribuições da teoria construtivista para o processo de alfabetização, posição que defendi no texto inicial. A própria autora da pergunta cita vários autores em "defesa de um trabalho sistematizado em claras diretrizes de ensino e de intervenção docente" (p. 165). Dentre as citações, quero destacar o trabalho desenvolvido por Telma Weisz (2002), que teve grande repercussão em nosso meio.

A leitura dos autores citados sugere várias reflexões. A mais relevante, sem dúvida, é reconhecer que grande parte dos neoconstrutivistas admite a necessidade de um trabalho pedagógico sistematizado, na área da alfabetização, divergente das orientações inicialmente assumidas pelos órgãos centrais das secretarias de Educação. A existência de um processo de construção de hipóteses sobre a escrita, pelo sujeito – e essa, sem dúvida, foi uma grande contribuição do trabalho de Emilia Ferreiro – não exclui a ação pedagógica sistematizada do professor, em particular quando se relembra que a escrita é um sistema simbólico, socialmente construído, de natureza alfabética e convencional, que necessita ser apropriado pelos alunos.

Neste sentido, a professora Colello destaca que essas "inúmeras experiências comprovam a viabilidade de projetos educativos baseados nos ensinamentos de Emilia Ferreiro" (p. 165).

Sobre isso, entendo que propostas pedagógicas não se derivam, de maneira direta e linear, de teorias específicas, independentemente da área. No caso, como Magda Soares, defendo que o processo de alfabetização recebe contribuições teóricas de diversas áreas de conhecimento – especialmente da linguística e da psicologia – com base nas quais tais projetos são construídos, lembrando sempre que essa relação teoria-prática não é linear. Reafirmo a ideia de que as bases principais das propostas pedagógicas de alfabetização são de natureza ideológica, centradas nas concepções de homem, de sociedade, de cidadania etc. e devem ser objetos de contínua reflexão pelo grupo de docentes, no interior da escola. Quando se erige uma proposta pedagógica centrada em uma teoria específica – no caso o construtivismo –, perde-se a visão global da dimensão educacional.

Essa foi a base de uma das mais contundentes críticas feitas ao construtivismo na área educacional, apresentada por Tomaz Tadeu da Silva (1993), da área da sociologia da educação. Para o autor, a predominância do construtivismo, apesar de sua aparência progressista, representa uma regressão conservadora na medida em que individualiza o processo educacional, escamoteando suas dimensões políticas e sociais, "atribuindo às relações de sala de aula propriedades que pertencem às esferas das relações econômicas e políticas mais amplas" (p. 5). No caso, o analfabetismo deixa de ser entendido como uma questão social, política e cultural, para se tornar um problema de métodos que levem em conta a gênese da escrita. No entanto, o autor reconhece que a psicologia construtivista contribui para entendermos "como se aprende" (p. 6). Silva lembra que "o processo de transmissão de conhecimento é um ato social e político, em que estão envolvidas relações de poder, de controle e interesse que os tornam atos sociais e históricos" (p. 7).

Finalmente, um último aspecto apresentado na pergunta coloca a questão do desafio das práticas pedagógicas e o papel dos pesquisadores. Sobre isso, retomo, como ponto de partida, alguns aspectos já apresentados. Defendo que a questão da relação teoria--prática deve ser buscada e implementada por processos de exercício reflexivo, desenvolvidos pelo coletivo dos educadores, no interior da escola. Isso aponta para as deficiências de organização interna da escola, ou seja, o problema da democratização da instituição escolar. Não acredito que o assunto seja resolvido no âmbito da ação isolada dos professores, mas por meio de um projeto de organização e funcionamento coletivo escolar, planejado e desenvolvido em cada escola. Essa organização coletiva constitui, pois, condição para o planejamento e desenvolvimento do projeto pedagógico da escola, incluindo o projeto de letramento e alfabetização. Sem essa condição, resta o trabalho individual, restrito e isolado, que acaba inviabilizando os próprios objetivos educacionais da escola.

Com relação às contribuições da pesquisa educacional, identifico inúmeras possibilidades. Uma delas refere-se a projetos de pesquisa centrados em propostas de intervenção, em que se planejam e avaliam alternativas de organização e funcionamento das escolas com base em metodologias adequadas – por exemplo, pela abordagem etnográfica ou da pesquisa-ação. Na Faculdade de Educação da Unicamp há vários grupos de pesquisa desenvolvendo projetos inovadores de intervenção, financiados por agências públicas e com bases teórico-metodológicas apropriadas, produzindo dados que possibilitam avaliar continuamente toda a proposta. Tais projetos em geral centram-se na organização coletiva dos educadores na escola, com resultados sempre animadores.

Além disso, o trabalho de pesquisa tem se desenvolvido com foco nas áreas específicas de ensino, na questão da gestão, na formação de professores etc. Todo esse esforço tem significado, de fato, um processo de produção de conhecimento sobre a realidade escolar, reflexo do compromisso dos educadores e pesquisadores da universidade.

Uma questão final sobre o tema diz respeito ao acesso, por parte dos educadores das redes de ensino, a esse conhecimento produzido; dito de outra forma, aos impactos do conhecimento produzido pela universidade nas escolas.

Esse parece ser um problema sério: tais canais são limitados, considerando que os educadores das redes têm pouco acesso às produções acadêmicas disponíveis, principalmente publicações. Uma saída, recentemente enfatizada pela universidade, tem sido os convênios com as prefeituras e os governos estaduais, por intermédio dos quais se ministram cursos de graduação e de especialização para professores das redes. A experiência recente da Faculdade de Educação da Unicamp, iniciada com a rede estadual em 2006, envolve os gestores das redes municipais de ensino dos municípios da região metropolitana de Campinas com um curso de especialização presencial subsidiado por atividades de educação a distância.

Apesar do esforço, há um grande desafio para aproximar as redes de ensino e a universidade. O ponto lamentável desse processo é que, com frequência, essa aproximação é abalada por fatores de natureza político-partidária, que acabam por promover atrasos e retrocessos, impedindo sua continuidade. É comum, depois de eleições estaduais e municipais, que ocorram amplas e profundas transformações nas redes de ensino: mudam-se as pessoas e, consequentemente, alteram-se os planos, processos e metodologias, com grandes repercussões na realidade concreta de cada escola.

**Silvia:** O que é ou como deveria ser um projeto de letramento escolar? Como deveria ser feita a sistematização do letrar na escola? Deveria o projeto de letramento ser equacionado *a priori* e em longo prazo como eixo essencial do currículo escolar, ou, ao contrário, ser planejado e sistematizado no dia a dia escolar, respeitando o perfil dos grupos classe, as necessidades dos alunos e os seus saberes? Como articular alfabetização e letramento em curto e longo prazo? Como evitar os riscos da "pedagogização do letramento" (Street, 1995; Soares, 2003) que ameaçam sabotar o próprio processo de letramento e a sua razão de ser na escola?

**Sérgio:** A ideia de um projeto de letramento a ser desenvolvido na escola é nova, sendo difícil encontrar uma instituição que já desenvolva essa prática, conforme aqui apresentada. Mas não é tarefa difícil de ser pensada.

Retomando a ideia de que a escola é uma instituição social com objetivos a ser alcançados e que, por exemplo, formar leitores competentes é uma das grandes metas atuais, é possível pensar em um projeto de letramento desenvolvido com base no consenso estabelecido pelo coletivo dos docentes de uma escola.

Para isso, identifico algumas condições facilitadoras. Em primeiro lugar, julgo fundamental que a escola apresente uma organização docente centrada no trabalho coletivo, que possibilite o contínuo processo de reflexão das práticas desenvolvidas – isso porque não se trata de aplicar um projeto pronto, mas de construí-lo e desenvolvê-lo com base nas práticas comuns assumidas pelos docentes. Se a escola não apresenta essa organização, é necessário implementá-la. Formar leitores e escritores de textos competentes exige ação continuada, com sequência garantida de um ano para outro e com uma prática erigida sobre diretrizes pedagógicas comuns.

Uma segunda condição é a coordenação do trabalho na escola. Reafirmo que organização coletiva não é um processo simples, espontâneo ou natural; trata-se de uma opção a ser assumida por gestores e docentes, de natureza política, pois altera o processo de tomada de decisões pedagógicas no interior da escola, o qual passa a ser de responsabilidade do grupo docente. Não creio na possibilidade de projetos desenvolvidos pela escola sem que essas duas condições – organização coletiva e coordenação – sejam garantidas; na ausência delas, o trabalho de formação de leitores, por exemplo, fica dependente da existência aleatória de docentes que tenham interesse nesse assunto, o que pode ser uma condição necessária mas não suficiente para o desenvolvimento de um projeto de letramento na escola.

Garantidas essas condições, o trabalho que se segue parece não ser diferente dos demais projetos: é preciso definir objetivos e metas a ser alcançadas e os meios pedagógicos e materiais necessários. No caso do projeto de letramento, as questões centrais podem ser assim resumidas: que práticas de letramento – envolvendo leitura e escrita – a escola deverá incentivar e propiciar durante toda a vida escolar do aluno na instituição? Em quais diretrizes metodológicas deverão ser baseadas as práticas de sala de aula, nas várias etapas da vida escolar do aluno?

É sempre necessário lembrar que essas escolhas não são de natureza técnica, mas refletem as concepções ideológicas que o grupo apresenta naquele momento histórico, as quais, por sua vez, não são imutáveis, podendo ser revistas, ampliadas ou, até mesmo, alteradas, pelo acesso ao conhecimento acumulado e pelo próprio exercício de reflexão exercido pelo grupo, no interior da escola. No caso do letramento, julgo inevitável que essa discussão envolva o exercício da cidadania numa perspectiva crítica. Isso significa que as escolhas das práticas de letramento a ser incentivadas na escola não devem ter como critério apenas as demandas do mercado de trabalho. No mínimo, seria uma visão reducionista e empobrecedora pensar o sujeito apenas como um ser que produz e consome, o que levaria, inevitavelmente, à consideração apenas das demandas do mercado.

Além disso, todo projeto educacional é um instrumento que deve direcionar a prática pedagógica, mas não constitui algo fechado ou imutável. O próprio processo de reflexão contínua sobre as práticas desenvolvidas, exercido pelos docentes, acaba se configurando como um processo de avaliação contínua de todo o trabalho, possibilitando alterações e mudanças nos rumos, sempre que necessário.

Duas outras condições facilitadoras poderiam ser apontadas no processo de desenvolvimento do projeto de letramento na escola, embora tenham um peso menor do que as duas condições citadas. Uma é a existência de biblioteca na escola, disponibilizada a todos os alunos. Conheço, entretanto, excelentes trabalhos de professores, para incentivar os alunos a ler, em escolas que não têm biblioteca: a saída é criar a biblioteca de classe, por meio de uma campanha de doação de livros realizada pelos próprios alunos, em seus respectivos bairros.

Outra condição é a participação dos pais no processo vivenciado pelos seus filhos. É notável como tais práticas de sala de aula produzem efeitos no comportamento dos alunos em casa, o que aponta para a importância de que os pais conheçam o projeto pedagógico em andamento na escola, bem como tenham a possibilidade de discutir com os professores alternativas para que colaborem com o processo, em casa, trabalhando com os filhos[6].

Como afirmei no início desta resposta, não conheço uma escola que tenha atingido um patamar de excelência organizativa, possibilitando projetos dessa natureza. Mas entendo que tais ideias são uma verdadeira utopia – lembrando que é fundamental a existência de utopias, principalmente no trabalho educacional, dado que elas têm a função de balizar as práticas desenvolvidas pelos grupos.

No entanto, tive contato com várias escolas que progrediram muito nesse processo de construção de verdadeiros projetos de letramento, embora sem usar o referencial conceitual aqui apresentado. Uma dessas experiências foi objeto de estudo do nosso grupo de pesquisa – Grupo do Afeto – no trabalho de Silva (2005, 2006), que resultou em sua dissertação de mestrado. Esse projeto de pesquisa foi realizado porque tivemos contato com uma escola, por outras razões, que estava implantando o Ensino Médio. Chamou-nos a atenção o fato de que os alunos da primeira série desse nível de ensino já apresentavam um padrão de letramento literário praticamente autônomo, o que foi identificado por intermédio de entrevistas com professores e com os próprios alunos. Isso nos levou a analisar as práticas de leitura desenvolvidas pelos

---

6. Sobre o tema da constituição do sujeito como leitor, sugiro a leitura dos três capítulos incluídos na Parte II do livro que organizei sobre a questão da afetividade, escritos por Grotta (2006), Souza (2006) e Silva (2006).

docentes da escola desde a pré-escola, uma vez que a maioria dos alunos havia sempre estudado nessa instituição. Este foi um dos objetivos do projeto de pesquisa de Silva (2005), já citado.

Os dados apontam aspectos que merecem nossa atenção: a) as crianças tiveram um contato constante com livros, desde a pré--escola, tanto por meio de práticas de leitura desenvolvida pelos professores, como pelos próprios alunos, em seu período de alfabetização; b) cada livro era selecionado em função de sua qualidade literária e da possibilidade de trabalho pedagógico; c) após a leitura de cada livro pelo grupo, ocorria uma série de atividades muito motivadoras para os alunos, que duravam várias semanas, envolvendo projetos como dramatizações, festas à fantasia, elaboração de cartazes, mural etc., ou seja, a leitura de cada livro era acompanhada por acontecimentos que se tornaram inesquecíveis para os alunos — tanto que, no Ensino Médio, todos se lembravam, de uma forma muito afetuosa, dessas experiências vivenciadas; d) esse processo prolongou-se, com essas características, até o final da 4ª série do Ensino Fundamental; e) durante esse período, os alunos não eram avaliados por essas atividades, o que diminuiu as chances de que estas se tornassem práticas aversivas ou menos motivadoras; f) quando, a partir da 5ª série, o processo passou a ser mais acadêmico, incluindo algumas cobranças, as práticas de leitura já haviam se constituído intrinsecamente como motivadoras, ou seja, já estavam ocorrendo, provavelmente, em função dos próprios efeitos que produziam nos alunos, independentemente da mediação do professor.

Deve-se destacar que essa era uma escola particular, que atendia alunos de classe média e média-alta, mas a maioria das escolas desse nível que conheço não desenvolve um trabalho dessa natureza. No entanto, devo ressaltar que esse trabalho era realizado sem que houvesse um projeto ou planejamento inicial intencionalmente elaborado. Tais atividades ocorriam por meio de contatos informais entre professores e foram se consolidando durante os anos. Os dados sugerem que a escola teve, em dado período, um grupo de docentes que valorizava as práticas de leitura, o que deve ter possibilitado a inclusão dessa meta nas práticas pedagógicas dos professores; além disso, os efeitos devem ter sido notados e valorizados pelos pais.

Com relação à alfabetização, incluí no meu texto inicial a ideia, também defendida por outros autores, de que é possível desenvolver esse processo na perspectiva do letramento – é o alfabetizar letrando. Reafirmo que são dois conceitos independentes, mas indissociáveis. Alfabetização é o domínio da tecnologia da escrita, o que envolve as relações fonema-grafema, consciência fonológica, domínio das convenções etc. Letramento, por sua vez, envolve as práticas sociais com leitura e escrita, e pode servir como base para o processo de alfabetização. No entanto, entendo que o processo não pode ser aleatório: deve ser planejado, com objetivos e metas definidas, além de ter estratégias cuidadosamente escolhidas.

Como exemplo, reapresento como referência a proposta de Mendonça e Mendonça (2007), uma das fontes que utilizamos para desenvolver o projeto mencionado na segunda parte do meu texto inicial.

No mesmo sentido, apresento o trabalho de Ceris S. Ribes da Silva (2008). Para a autora, o objetivo do planejamento é "possibilitar que o professor desenvolva um trabalho sistemático de conteúdos e habilidades", o que inclui "uma continuidade entre uma aula e outra; a previsão do ensino dos conhecimentos complexos para o aluno depois daqueles menos complexos; e a seleção de atividades adequadas aos conhecimentos que serão ensinados" (p. 37). O processo deve envolver a compreensão e valorização da cultura escrita, a apropriação do sistema de escrita, a leitura, a produção de textos escritos e o desenvolvimento da linguagem oral.

A autora, igualmente, prevê as condições institucionais para o desenvolvimento do processo a fim de "garantir tempo e espaço para que os profissionais se reúnam, discutam, elaborem, e avaliem as práticas que estão sendo realizadas" (p. 40). Na sequência, propõe uma série de procedimentos didáticos para a organização das atividades: a) quanto à organização dos conteúdos; b) quanto à tipologia das atividades; c) quanto às formas de realização das atividades; d) quanto ao tipo de participação dos alunos nas atividades. Dada a extensão dessas colocações, fica a referência para os interessados.

Para finalizar, reafirmo que a alfabetização e o letramento são processos muito importantes para ser deixados ao sabor de ações puramente individuais, isoladas e espontâneas, por mais boa vontade que tenham os professores. Como uma área de ensino, deve ser planejada, com objetivos, metas e estratégias metodológicas e de avaliação definidas com base na organização coletiva dos educadores no interior das escolas. Cabe aos gestores garantir as condições efetivas para a consecução do trabalho.

Essas propostas não podem ser confundidas com modelos de ensino fechados ou rígidos, o que implicaria o retorno às práticas cartilhescas. O planejamento educacional deve constituir um importante instrumento que contribua para a construção de uma escola que atenda às necessidades de todos os alunos, na perspectiva de uma ação educacional inclusiva, que considere a aprendizagem do aluno prioridade absoluta e constante. Considero ser essa a essência de uma escola efetivamente democrática.

## Referências bibliográficas

COLELLO, S. M. G. *Alfabetização em questão*. São Paulo: Paz e Terra, 2004.

_____. *A escola que (não) ensina a escrever*. São Paulo: Paz e Terra, 2007.

_____. "Divisora de águas na alfabetização". *Carta Fundamental – A revista do professor*, n. 7. São Paulo, p. 48-51, abr. 2009.

COLELLO, S. M. G.; LUIZE, A. "Aventura lingüística". *Viver Mente e Cérebro* – Coleção Memória Pedagógica, n. 5, p. 14-23. Rio de Janeiro/São Paulo: Segmento/Duetto, 2005, p. 14-23.

FERREIRO, E. "A aquisição dos objetos culturais: o caso particular da escrita". In: *Atualidade de Jean Piaget*. Porto Alegre: Artmed, 2001, p. 9-20.

FERREIRO, E. (org.). *Os filhos do analfabetismo*. Porto Alegre: Artmed, 1990.

FREITAG, B. *Escola, Estado e sociedade*. São Paulo: Moraes, 1986.

GARCIA, C. M. "A formação de professores: novas perspectivas baseadas na investigação sobre o pensamento do professor". In: NÓVOA, A. (org.). *Os professores e sua formação*. Lisboa: D. Quixote, 1992, p. 51-76 .

GOMES, A. P. "O pensamento prático do professor. A formação do professor como profissional reflexivo". In: NÓVOA, A. (org.). *Os professores e sua formação*. Lisboa: D. Quixote, 1992, p. 21-37.

GROTTA, E. C. B. "Constituição do sujeito leitor: análise de alguns aspectos relevantes". In: LEITE, S. A. S. (org.). *Afetividade e práticas pedagógicas*. São Paulo: Casa do Psicólogo, 2006, p. 195-222.

LADSMAN, L. T. *Aprendizagem da linguagem escrita*. São Paulo: Ática, 1993.

LEITE, S. A. S. "Desenvolvimento profissional do professor: desafios institucionais". In: AZZI, R. G.; BATISTA, S. H. S.; SADALLA, A. M. F. A. (orgs.). *Formação do professor – Discutindo o ensino da psicologia*. Campinas: Alínea, 2000, p. 39-66.

LEITE, S. A. S. "A construção da escola pública democrática: algumas reflexões sobre a política educacional". In: SOUZA, B. de P. (org.). *Orientação à queixa escolar*. São Paulo: Casa do Psicólogo, 2007, p. 281-306.

LERNER, D. *Ler e escrever na escola – O real, o possível e o necessário*. Porto Alegre: Artmed, 2002.

MELLO, G. N. *Magistério do 1º. Grau: da competência técnica ao compromisso político*. São Paulo: Cortez/Autores Associados, 1982.

MENDONÇA, O. S.; MENDONÇA, O. C. *Alfabetização – Método sociolinguístico: consciência social, silábica e alfabética em Paulo Freire*. São Paulo: Cortez, 2007.

NÓVOA, A. (org.). *Os professores e sua formação*. Lisboa: D. Quixote, 1992.

SARRAF, M. A. V.; COLELLO, S. M. G. "Projetos didáticos: redimensionando a abordagem dos conteúdos escolares". *Direcional Educador*, ano 4, n. 48. São Paulo, jan. 2009, p. 22-4.

SILVA, C. S. R. "O planejamento das práticas escolares de alfabetização e letramento". In: CASTANHEIRA, M. L.; MACIEL, F. I. P.; MARTINS, R. M. F. (orgs.). *Alfabetização e letramento em sala de aula*. Belo Horizonte: Autêntica/Ceale, 2008, p. 35-58.

SILVA, L. M. *Memórias de leitura: a constituição do leitor escolar*. Dissertação (Mestrado em Educação) – Faculdade de Educação da Universidade Estadual de Campinas, Campinas (SP), 2005.

_____. "Significação das práticas de leitura escolar sob a ótica do aluno leitor". In: LEITE, S. A. S. (org.). *Afetividade e práticas pedagógicas*. São Paulo: Casa do Psicólogo, 2006, p. 253-79.

SILVA, M. A. S. *Construindo a leitura e a escrita – Reflexões sobre uma prática alternativa em alfabetização*. São Paulo: Ática, 1988.

SILVA, T. T. "Desconstruindo o construtivismo". *Educação e Realidade*, n. 18, ano 2, Porto Alegre, jul.-dez. 1993, p. 3-10.

SOARES, M. *Alfabetização e letramento*. São Paulo: Contexto, 2003.

_____. *Letramento – Um tema em três gêneros*. Belo Horizonte: Autêntica, 1998.

Souza, J. S. Z. "O papel da família na constituição do leitor". In: Leite, S. A. S. (org.). *Afetividade e práticas pedagógicas*. São Paulo: Casa do Psicólogo, 2006, p. 223-52.

Street, B. V. "The schooling of literacy". In: *Social literacies: critical approaches to literacy in development, ethnography and education*. Londres: Longman, 1995, p. 106-31.

Teberosky, A. *Psicopedagogia da linguagem escrita*. São Paulo/Campinas: Trajetória Cultural/Editora da Unicamp, 1990.

Teberosky, A.; Cardoso, B. *Reflexões sobre o ensino da leitura e da escrita*. São Paulo/Campinas: Trajetória Cultural/Editora da Unicamp, 1990.

Teberosky, A.; Colomer, T. *Aprender a ler e a escrever – Uma proposta construtivista*. Porto Alegre: Artmed, 2003.

Weisz, T. *O diálogo entre o ensino e a aprendizagem*. São Paulo: Ática, 2002.

# PARTE III
# Entre pontos e contrapontos

*Sérgio Antônio da Silva Leite*
*Silvia M. Gasparian Colello*
*Valéria Amorim Arantes*

**Valéria:** Caros Sérgio e Silvia, em primeiro lugar quero parabenizá-los pelos textos produzidos. Além de esclarecedores, eles trazem elementos importantes para se pensar os complexos processos de alfabetização e letramento. Para iniciar, retomarei um ponto já tratado por vocês que diz respeito às estreitas relações entre tais processos. Por caminhos diferentes, vocês parecem defender a interdependência e indissociabilidade entre eles, tanto no que diz respeito ao plano teórico quanto à prática pedagógica adotados. Sobre isso, na segunda parte do livro Sérgio pergunta a Silvia se a polêmica estabelecida entre as autoras Magda Soares e Emilia Ferreiro (com suas diferentes visões sobre as relações entre alfabetização e letramento) ainda seria relevante ou faria parte do passado ou de algo já superado. Para responder a essa questão, Silvia começa pontuando que "o conceito de letramento trouxe contribuições importantes para a revisão das práticas de alfabetização historicamente centradas no código". Pois bem, valendo-se da experiência e das pesquisas por vocês desenvolvidas, acho que seria de grande valia aprofundar tal discussão, especialmente no que tange às práticas escolares. Em suma, minha primeira pergunta pode ser assim sintetizada: quais as conveniências e/ou inconveniências, para o ensino da língua escrita nas escolas brasileiras, de conceber a alfabetização e o letramento como processos de naturezas distintas (como postula Magda Soares) ou como um único processo mais amplo (como postula Emilia Ferreiro)? Dito de outra forma, em que medida assumir uma ou outra perspectiva favorece ou não os processos de aprendizagem?

**Silvia:** Recentemente, pude acompanhar, em uma escola pública da periferia de São Paulo, o esforço bem-sucedido de uma professora que procurava ensinar seus alunos de 2º ano (crianças de 7 anos de idade) a ler e a escrever. Partindo da compreensão do perfil do grupo (origem sociocultural em uma comunidade de baixo letramento, desmotivação para aprender a ler e a escrever, problemas de rendimento do grupo no ano escolar anterior – que, entre outras dificuldades, teve quatro substituições de professores – e interesses mais evidentes das crianças), a professora propôs um projeto temático que tinha como objetivo a realização de uma festa em comemoração aos aniversariantes daquele semestre.

No desenvolvimento da proposta, preparar a festa acabou se configurando como uma atividade prazerosa – envolvente no plano social e eficiente no plano cognitivo – justamente porque atribuiu um sentido ao que era proposto em sala de aula. Entre tantas atividades realizadas, a professora: a) promoveu a leitura de histórias sobre aniversários em diferentes situações e contextos (algumas coletivamente, outras na medida da possibilidade de leitura dos alunos); b) estimulou que se contassem casos sobre festas e aniversários (trabalho com a oralidade), que eram registrados no livro de memórias do grupo; c) elaborou com os alunos um calendário para que estes pudessem compreender os meses do ano e marcar o dia do seu aniversário, lidando com formas de registro diferentes do texto; d) propôs a escrita de uma lista de convidados (em grande parte os próprios alunos que, em duplas, ensinavam os colegas a escrever seus nomes) e uma lista dos comes e bebes para orientar o planejamento das compras e a divisão das responsabilidades; e) promoveu uma "pesquisa" sobre o "gênero convite" (o que é preciso ter em um convite? O que escrever no envelope?) até que, em grupo, os estudantes decidissem como seria e cada aluno fizesse pelo menos um convite com a ajuda da professora ou dos colegas; f) organizou a feitura de alguns doces, seguindo as receitas que eram lidas e registradas; g) desafiou os alunos a escrever versinhos para os colegas (autoria de textos e brincadeiras com rimas) e a letra do "Parabéns a você" (escrita de textos conhecidos de memória), atividade que favoreceu não só a comparação entre as diversas produções (o que cada dupla tinha feito), como também uma discussão sobre as especificidades dos diferentes tipos de texto (letras de música, versos, convites e receitas de cozinha); h) planejou com os alunos a decoração da sala, distribuindo bexigas e cartazes com votos de felicidade aos aniversariantes.

Longe de constituírem atividades difusas, o mote de fazer a festa favoreceu a sistematização do conjunto das práticas pedagógicas, dando a elas um propósito real e uma direcionalidade didática. Assim, foi possível enfocar diversos aspectos da língua (o falar e o escrever, o ouvir e o ler, o conhecimento sobre o funcionamento da língua escrita, a familiarização com diferentes gêneros, a compreensão das funções da escrita em situações contextualizadas de uso, a relação da escrita com outras formas de registro) e, ao mesmo tempo, atender a diversas necessidades (exigências pessoais ou oportunidades cognitivas) de um grupo heterogêneo.

Para que o convite pudesse chegar ao destinatário, era importante que o nome fosse escrito de maneira correta; para que o doce ficasse gostoso, não se poderia errar na leitura da receita, e assim sucessivamente. Como cada atividade tinha razão de ser, ampliava-se o desafio de fazer e, mais que isso, de bem fazer, o que contribuiu para criar um clima de motivação, cumplicidade e colaboração entre os alunos.

Ao escrever a lista dos aniversariantes, alguns puderam compreender que o MA de "Mariana" ajudava a escrever o MA da "Marisa". Nesse mesmo movimento, a análise das rimas da música e dos versos favoreceu o entendimento da natureza fonética do sistema de escrita. Na comparação entre os nomes escritos, foi especialmente produtiva a análise de palavras parecidas (por exemplo, Mariana e Marina), assim como a constatação de que a maioria dos nomes de meninas terminava com A, e os de meninos, com O. A partir daí, Douglas e Carlos configuraram-se como nomes que, contrariando a "lógica do mais usual", representavam especiais desafios para a compreensão da escrita fonética. A ordem alfabética da referida lista, que pareceu ao grupo um critério imparcial para a apresentação dos alunos, rendeu uma considerável oportunidade de reflexão sobre a ordem convencional das letras. Em outras atividades, as crianças puderam discutir e compreender aspectos normativos e não normativos da língua (como o uso das letras maiúsculas e a particularidade do Z na elaboração da grande faixa de "Feliz aniversário" que decorou a sala).

Para além das práticas de leitura, escrita e oralidade, que, em especial, ocupam o tema da presente abordagem, importa dizer que o projeto também se prestou aos trabalhos em outras áreas. Na matemática, pela oportunidade de comparar as diferenças em meses das idades dos alunos, o que deu origem a um gráfico para registrar o perfil das idades do grupo; pela contagem dos doces, convites, bexigas, avaliando a proporção desses para o número de convidados; pelas medidas das receitas culinárias etc. Nos estudos sociais, pela chance de conhecer as comemorações em outras comunidades e em outros tempos: o espanto ao saber que nem todas as festas do mundo têm os mesmos doces (em especial os brigadeiros, que, no nosso contexto, parecem ser essenciais), e a surpresa na constatação de que a melodia do tradicional "Parabéns a você" é a mesma em muitos países. Nas ciências, pelas considerações sobre os cuidados na conservação dos doces ou os efeitos de colocar os refrigerantes na geladeira ou no *freezer*. Na educação física, pela oportunidade de se conhecerem jogos e divertimentos que seriam eleitos para o dia da festa. Finalmente na arte, pelo esforço na elaboração de cartazes, pelo planejamento de uma proposta decorativa para a sala e também para a confecção dos presentes aos aniversariantes, que foram feitos com diferentes recursos e técnicas de arte.

Se eu insisto na apresentação tão detalhada de um caso como este, não é para defendê-lo como alternativa única ("a receita de alfabetização" ou de abordagem interdiscplinar), nem como possibilidade inédita (já que muitas escolas estão adotando os projetos temáticos como formas privilegiadas de trabalho pedagógico), mas sim para pontuar fatores de sucesso para o qual convergem as diretrizes derivadas das propostas de Emilia Ferreiro e Magda Soares. Nesse caso, para além dos fatores relacionados com a motivação, a interdisciplinaridade, a multiplicação dos focos interlocutivos ou das fontes de informação e com o ajustamento da dinâmica em classe, importa situar o principal elemento de sucesso desse ambiente alfabetizador, ou, em outras palavras, da prática do alfabetizar letrando:

a oportunidade de viver a língua com base em efetivos propósitos sociais contextualizados e significativos, atrelando a essas experiências a chance de refletir sobre a natureza da língua e os seus modos de funcionamento (as regras, as convencionalidades, os gêneros, a conformação nos diferentes suportes etc.). Em síntese, a aproximação da escola com a vida, da aprendizagem da língua com suas inúmeras possibilidades de uso, do esforço com o desejo de aprender.

Como atribuir os fundamentos de tal prática ou os méritos dos seus resultados aos ensinamentos de Magda Soares ou de Emilia Ferreiro?

Em face de uma experiência de sucesso, é impossível vislumbrar as diferenças teóricas entre as autoras e, por isso, não se pode dizer que haja uma melhor aplicação prática de uma ou de outra. Isso porque elas estão completamente afinadas no seu objetivo maior de promover o ensino da língua escrita como prática social, eficiente e democrática, como objeto de efetiva comunicação no contexto da vida. Pela mesma lógica, estão também afinadas na crítica à escola de ensino artificial, fragmentado, que segrega o momento de aprender do momento de fazer uso da aprendizagem, concentrando seus esforços no ensino da técnica da leitura e da escrita.

Nesse sentido, o empenho de Magda Soares em superar a histórica dimensão mecânica do ensino da língua escrita e chamar a atenção dos educadores para o seu propósito social é perfeitamente compatível com a retórica pergunta de Ferreiro (2002, p. 17): "Se a escola não alfabetiza para a vida e para o trabalho, para que e para quem alfabetiza?"

Assumindo, pois, a indiferenciação das propostas das referidas autoras nas experiências de sucesso, aquelas que promovem a formação do sujeito leitor e escritor em sintonia com a compreensão mais ampla de aprendizagem, importa voltar à questão original ("Em que medida assumir uma ou outra perspectiva favorece ou não os processos de aprendizagem?") e, mais uma vez, enfatizar a relevância do debate teórico.

A esse respeito é possível afirmar que o interesse na recuperação das divergências teóricas entre Emilia Ferreiro e Magda Soares recai, sobretudo, na análise de situações de inadequação pedagógica ou de dificuldades na transposição didática. É justamente na análise das práticas mal assimiladas ou na reflexão sobre os vícios da intervenção pedagógica que encontramos as melhores oportunidades para rever posturas e propostas em sala de aula. Ao compreender a crítica de Emilia Ferreiro a Magda Soares, somos levados a considerar, por exemplo, os perigos de separar, na prática, as atividades de alfabetização e de letramento (embora Soares nunca tenha advogado tal separação). Por outro lado, ao compreender a crítica de Soares a Ferreiro, fica evidente, por exemplo, o risco de concentrar os esforços pedagógicos e até os próprios critérios de avaliação no avanço das hipóteses conceituais (do pré--silábico ao alfabético) sem que se leve em consideração a "ousadia" do aprendiz para enfrentar os apelos da sociedade letrada com base em seu estágio de conhecimento (uma proposição, tampouco defendida por Ferreiro, mas que poderia ser assim interpretada, tendo em vista a ênfase ou o recorte de suas propostas).

Em síntese, na complexidade da prática pedagógica, não se trata de vincular sob um único viés as possibilidades de avanço, atribuindo a um ou a outro autor todo o mérito pela proposta ou por sua implementação, mas de usar as diferentes abordagens e contribuições teóricas para o amadurecimento da postura educativa em prol de um fazer crítico e fundamentado em sala de aula.

**Sérgio:** Esta primeira questão apresenta alguns desdobramentos que devem ser explicitados. Inicialmente, no preâmbulo da questão, a professora Valéria refere-se a uma das perguntas que fiz à professora Silvia, questionando se a discussão sobre as diferentes posições assumidas por Magda Soares e Emilia Ferreiro – no que tange às relações entre alfabetização e letramento – não estariam atualmente superadas.

Devo ressaltar que esta minha colocação implica uma posição claramente assumida por mim, a de reconhecer a importância de entender os dois conceitos como independentes, porém indissociáveis. Ou seja, penso que essa questão está superada por reconhecer que a leitura proposta por Magda Soares tornou-se predominante em nosso meio. Relembro que, na própria pergunta que encaminhei à professora Silvia, apresentei argumentos que, na minha opinião, sustentam tal posição: a) em nosso ambiente acadêmico educacional, o conceito de letramento está presente há mais de vinte anos com uma vitalidade crescente, seja com pesquisas apresentadas em congressos científicos (muitas das quais desvinculadas da questão da alfabetização), seja nas discussões pedagógicas ocorridas nas escolas; b) a própria professora Silvia, em seu belo texto inicial, apresentou uma série de "méritos do conceito de letramento", diferenciando-o do conceito de alfabetização, com os quais concordo plenamente; c) toda a cultura pedagógica tradicional de nossas escolas entendia e desenvolvia o processo de alfabetização desvinculando "domínio do código *versus* uso funcional", o que ajuda a compreender a razão pela qual o conceito de letramento foi muito bem acolhido em nosso meio, pois vem auxiliando na superação dessa referida dicotomia.

Com relação à questão central da professora Valéria, entendo que já apresentei a minha posição sobre o tema no texto inicial: reitero que defendo a necessidade de entender os conceitos de alfabetização e letramento como processos de naturezas distintas, porém indissociáveis. No entanto, a questão me convida a fundamentar melhor essa posição.

A princípio, reconheço que os sérios problemas que observamos hoje, nas séries iniciais, em especial nas escolas públicas – crianças que chegam às terceiras e quartas séries sem o esperado domínio do código escrito, portanto, analfabetos ou parcialmente alfabetizados – devem-se, em parte, a uma equivocada compreensão de que a prioridade nas séries iniciais deve ser o trabalho pedagógico com o texto (com o que eu concordo; aliás o trabalho com texto deve ser realizado em todas as séries), mas que foi realizado em detrimento do trabalho com o código, que passou a ser entendido como uma dimensão mecânica e, portanto, menos relevante no processo de alfabetização. Ou seja, entendeu-se o desenvolvimento do letramento como prioritário em detrimento do processo de alfabetização (domínio das relações grafema-fonema). Tal posição se agravou com a leitura, também equivocada, das contribuições da teoria construtivista, já amplamente discutida nos textos iniciais deste livro. Com isso, reconheço que a ausência histórica do conceito de letramento do processo de alfabetização escolar colaborou para restringir esse processo a uma dimensão mecânica e cartilhesca, na qual não se colocava a questão da funcionalidade da escrita.

Assim, é possível resgatar o principal argumento propositivo favorável à concepção desses dois conceitos como processos independentes: o grande objetivo do conceito de letramento é direcionar o processo de alfabetização, balizando-o e possibilitando um avanço na construção de uma concepção funcional de escrita – tal compreensão foi básica para a construção da ideia do "alfabetizar letrando", proposta por Magda Soares, com todas as implicações e os desafios político-pedagógicos que apresenta. É por isso que sempre reafirmo a indissociabilidade entre esses dois conceitos – que, no entanto, têm vida própria.

No mesmo sentido, defendo tal ponto de vista levando em conta a própria concepção sobre a relação entre a alfabetização e o exercício da cidadania em nossa sociedade: dificilmente, um indivíduo terá condições de desenvolver o efetivo exercício da cidadania sem que se aproprie da escrita como sistema de código simbólico, além de seus usos sociais. Em uma sociedade grafocêntrica como a nossa, é inevitável que o analfabeto funcional venha a constituir uma parcela social e culturalmente marginalizada. O que não significa que não seja considerado cidadão.

**Valéria:** Voltemos à questão central do texto do Sérgio, que diz respeito à importância da sistematização do trabalho pedagógico desenvolvido pelo professor alfabetizador. Que considerações vocês teriam sobre tal sistematização, levando em conta as particularidades e peculiaridades do processo de alfabetização de crianças e de jovens/adultos? Afinal, quais são as diferenças e/ou semelhanças mais relevantes entre eles?

**Silvia:** A questão é relevante e, à primeira vista, poderia ser respondida por uma abordagem prescritiva que reforçasse a necessidade da constituição de um ambiente alfabetizador sistematizado, capaz de respeitar as especificidades técnicas da infância ou do aluno adulto. Eu poderia me concentrar na dimensão prática do fazer pedagógico ajustada aos diferentes públicos ou na necessidade concreta de garantir materiais adequados às diversas faixas etárias – o que, sobretudo no caso do público adulto, ainda é um aspecto insuficientemente explorado pelas práticas pedagógicas.

Parece-me, contudo, que o elemento fundamental do que ora se questiona é compreender os princípios do alfabetizar letrando tomando como base dois eixos de análise: de um lado, a necessidade de compreender as tendências e os significados que se configuram na alfabetização em diferentes faixas etárias; de outro, pensar como essas tendências se relacionam com a necessidade de sistematização da prática pedagógica. Este será, portanto, o recorte da minha abordagem.

Embora os estudos realizados comprovem a similaridade da natureza dos processos cognitivos na aprendizagem da língua escrita entre crianças e adultos, é certo que suas trajetórias de conhecimento diferem sobremaneira, tendo em vista os antecedentes da vida escolar, os significados da vida estudantil, as motivações para a alfabetização, a valoração da língua escrita, os modos de inserção social, as especificidades de suas experiências letradas e os mecanismos de produção e interpretação construídos nos seus respectivos contextos sociais.

Na compreensão de tantas variáveis, que, em cada caso, emergem necessariamente como um amálgama singular que afeta o processo de aprendizagem, é possível delinear tendências a ser destacadas: a criança vive o processo de alfabetização no seu tempo, isto é, no período determinado socialmente para a aprendizagem; o adulto, percebendo-se como um "sujeito em falta", corre atrás de um tempo perdido, da oportunidade negada; a criança aprende a ler e escrever em um momento potencialmente privilegiado para a conquista da cidadania; o adulto luta pelo resgate da dignidade, condição perdida nas práticas de discriminação social; a criança tem a chance de aprofundar sua experiência letrada, o adulto, o desafio de reverter seu estado de alienação tão frequentemente imposto pelos valores da nossa cultura. Mais do que a progressão cognitiva operacionalizada devido aos apelos da sociedade ou da situação didática, a aquisição da língua escrita pelo adulto configura-se como processo de libertação de um estado já constituído de analfabetismo.

Como um dos mais veementes defensores da dimensão política da alfabetização, Paulo Freire situou o ensino da escrita para além dos esforços estritamente pedagógicos. Por isso, "a alfabetização de adultos e a pós-alfabetização implicam esforços no sentido de uma correta compreensão do que é a palavra escrita, a linguagem, as suas relações com o contexto de quem fala e de quem lê e escreve, compreensão portanto da relação entre 'leitura' de mundo e leitura da palavra" (Freire, 1983, p. 38).

Valendo-se desse mesmo referencial, Valino (2006, p. 204), em um estudo para compreender o adulto na sua trajetória de alfabetização, aponta para as configurações nem sempre evidentes do estado de analfabetismo e para os significados da sua superação em diferentes perspectivas:

> As inúmeras e complexas situações vivenciadas ao longo da vida foram, aos poucos, caracterizando os entrevistados como analfabetos. A constituição do estado de analfabetismo começou na infância, com a situação socioeconômica da família, o que contribuiu para que a frequência na escola fosse interrompida ou

nunca iniciada. A esta situação de pobreza econômica aliou-se a histórica "cultura da exclusão", que, presente no sistema escolar brasileiro, contribuiu para formar a pessoa pobre também no aspecto político. Para os entrevistados, no entanto, o conceito de analfabeto é bastante diverso: analfabeto é quem não sabe escrever o próprio nome. Essa simples conceituação costuma associar-se a pelo menos outras três como um perverso condicionante da autoimagem: a ignorância, a pobreza e a indignidade.

As diversas ações governamentais realizadas para superar o analfabetismo mostraram-se, além de ineficientes, formadoras de imagem preconceituosa sobre o analfabeto. Num passado não muito distante, essas ações apresentavam objetivos eminentemente práticos: alfabetizar para ampliar o número de eleitores sem necessariamente considerar as perspectivas, a autoimagem e a imagem social das pessoas. A história mostrou, em diversos momentos, que o analfabetismo não é superável através de campanhas com objetivos apartados da pessoa analfabeta, mas sim de movimentos coordenados, que integrem, além da aprendizagem da leitura e da escrita, o resgate da dignidade pessoal e do significado de ser cidadão, favorecendo a construção da autoimagem e da imagem social em novas bases.

O que fica evidente na exposição da autora é o complexo quadro de significados e desafios que merecem ser levados em consideração tanto pela prática pedagógica como pelas políticas educacionais. Não se ensina a ler e escrever sem conhecer a história do sujeito, suas aspirações, seus saberes e valores. Não se ensina a ler e escrever sem compreender os mecanismos de motivação ou de resistência que balizam a dinâmica da aprendizagem. Não se ensina a ler e escrever sem levar em conta a postura do aluno diante do mundo e do trabalho. Por essa via explica-se o fracasso de tantas propostas ou metodologias que, centradas no fazer pedagógico, perderam de vista o sujeito da aprendizagem. De modo inverso, quando ele vira o foco do esforço educativo, a análise e compreensão das especificidades dos processos de alfabetização, seja na infância seja na idade adulta, fazem parte da construção de uma prática pedagógica que, em nome da sistematização e eficiência, submete a dimensão técnica ao posicionamento político. Um posicionamento que, em nome da democratização do saber, é regido por posturas de acolhimento, dialogia, cumplicidade e respeito. Em outras palavras, a sistematização do trabalho escolar não seria possível sem a superação do estritamente escolar.

**Sérgio:** Novamente, na pergunta colocada pela professora Valéria aparecem duas dimensões importantes: a sistematização do trabalho pedagógico e a alfabetização de jovens e adultos.

Com relação à primeira questão, considero-a tão importante que a elegi como ponto principal no meu texto inicial; aliás, tal preocupação já transparece no próprio título do meu capítulo.

Resumo, aqui, a análise que tenho desenvolvido sobre o tema. Nas duas últimas décadas, por vários equívocos teóricos aqui já comentados, os órgãos responsáveis pela orientação pedagógica das secretarias estaduais e municipais de Educação – além de inúmeras escolas particulares – passaram a enfatizar o processo de alfabetização escolar centrado no aluno (em detrimento da mediação pedagógica do professor) e no texto (em detrimento do domínio do código). Em minha opinião, essas orientações contribuíram para um retrocesso observado na área da alfabetização, com sérias consequências. Talvez a mais flagrante seja o surgimento do fenômeno hoje conhecido como "o aluno que passa sem saber", por meio de um inaceitável e escandaloso processo de exclusão intraescolar, que começa a ser mais bem estudado pelos pesquisadores da área educacional.

Além disso, é possível identificar que, atualmente, vários grupos de educadores e instâncias administrativas estão procurando reverter esse quadro, tentando recuperar o tempo perdido.

Nesse sentido, considero inevitável e fundamental resgatar a ideia da necessidade de sistematização do trabalho pedagógico desenvolvido pelos professores em sala de aula. Sei que "sistematização" é um tema polêmico e frequentemente mal compreendido, visto como um movimento de retrocesso a práticas educacionais conservadoras e tradicionais. Mas não é assim que vejo.

Quando abordo a sistematização do trabalho pedagógico, estou supondo que as práticas pedagógicas docentes devem ser planejadas e desenvolvidas com claras diretrizes pedagógicas, de preferência assumidas pelo coletivo dos educadores na escola. Isso não significa padronizar o trabalho – todos os docentes fazendo exatamente a mesma atividade –, mas pressupõe que não é mais possível pensar uma proposta educacional ou um projeto pedagógico de uma escola onde cada docente atue de forma absolutamente isolada e aleatória, sem que haja um mínimo de consenso sobre as diretrizes que orientam suas práticas. Além disso, formar leitores e produtores de textos, na perspectiva do letramento, exige trabalho contínuo que envolverá todos os docentes de todas as séries e níveis da/na escola.

No caso da alfabetização, e sem a pretensão de esgotar o assunto, ratifico que a sistematização do trabalho pedagógico envolve, pelo menos, três aspectos: a) a especificação de um método de alfabetização, o que inclui um procedimento básico, assumido pelo grupo de docentes da escola, bem como suas bases teóricas e implicações para o trabalho de cada um; b) o reconhecimento de que todos os conteúdos linguísticos devem ser objetos do trabalho pedagógico sistematizado; c) o planejamento de um processo de avaliação contínua dos alunos, numa perspectiva diagnóstica, com o objetivo de possibilitar aos professores as necessárias e constantes "correções de rota" em função do desempenho dos alunos.

Na realidade, não defendo essas ideias somente para a alfabetização, mas penso que o trabalho pedagógico, relacionado com todos os componentes curriculares, deve ser planejado e desenvolvido de forma sistematizada. Obviamente, essas ideias somente são defensáveis em uma escola que priorize de maneira efetiva o sucesso do processo de aprendizagem do aluno, visando sempre aprimorar as condições pedagógicas oferecidas – ou seja, implica uma ética centrada no compromisso com o aluno e com sua inclusão social.

Com relação ao EJA, tenho tido a oportunidade de orientar e acompanhar projetos de pesquisa desenvolvidos com vários orientandos. Em um deles, realizado por Barella (2007), estudamos exatamente as possibilidades de desenvolver o processo de alfabetização de um grupo de adultos na perspectiva do letramento. O trabalho foi muito facilitado, pois a orientanda era a própria professora do grupo, vinculado à Fundação Municipal para Educação Comunitária (Fumec), da prefeitura de Campinas. Tivemos a oportunidade de planejar e desenvolver o trabalho pedagógico fortemente marcado por atividades funcionais de leitura e escrita; ao mesmo tempo, planejamos um sistema de avaliação contínua, com minientrevistas e escrita de diários, o que permitiu construir dados sobre o envolvimento dos alunos com as práticas sociais de leitura e escrita. A análise desses dados sugere que houve importantes mudanças no envolvimento dos alunos com as práticas sociais de leitura e escrita, marcadamente relacionadas com as condições de ensino planejadas durante o período escolar.

Minha experiência de planejamento e orientação desses projetos de pesquisa com turmas de EJA, além das minhas observações do trabalho de vários professores da área, reforçam a ideia de que o trabalho pedagógico na área da alfabetização de jovens e adultos também deve ser planejado e desenvolvido de forma sistematizada. Além disso, penso que a maior parte das questões relativas ao processo de alfabetização escolar podem ser aplicadas à EJA. Entretanto, há várias especificidades que exigem atenção e preparo do professor. A começar pela própria condição do aluno da EJA: em geral migrante, com curta passagem pela escola, frequentemente marcada por uma história de fracasso; trabalho em ocupações urbanas que não exigem qualificação; é comum uma história de trabalho rural na infância e adolescência; filhos de pais também com baixo nível de instrução escolar, analfabetos na sua maioria; busca a escola tardiamente para alfabetizar-se (o sonho de todos eles) ou cursar algumas séries do ensino supletivo (Barella, 2007, p. 35). Portanto, são indivíduos excluídos da escola regular mas inseridos em um ambiente urbano, onde têm muito contato com a escrita e sentem necessidade de uma apropriação funcional do domínio do código, geralmente motivados pelas condições de trabalho.

Por sua vez, a postura da professora alfabetizadora de jovens e adultos exige especificidades, se comparada com a da professora que atua com crianças: na maioria das vezes, os grupos de alunos de EJA são muito heterogêneos, com histórias específicas que precisam ser conhecidas individualmente e respeitadas, o que torna impossível um trabalho adequado com turmas numerosas; exigem práticas pedagógicas motivadoras e funcionais, pois, caso não se sintam acolhidos, desistem do curso (são muito altas as taxas de evasão em EJA, sendo que a maioria dos adultos analfabetos não frequenta a escola).

Citando, ainda, o trabalho de Barella (2007), as seguintes diretrizes foram estabelecidas para o desenvolvimento do trabalho pedagógico: o texto real, como ponto de partida e de chegada do processo; abordagem da diversidade de gêneros textuais, porém relacionados com as condições de vida e necessidades dos alunos; cuidado redobrado na qualidade da mediação (instruções adequadas; intervenção do educador sempre afetuosa; cuidado nas correções), procurando criar um ambiente sempre agradável e acolhedor; ênfase na atividade epilinguística (reflexão contínua sobre as atividades realizadas); atividades sempre significativas para o grupo; criação de situações que possibilitem o contínuo acesso à escrita e à leitura; ênfase no processo dialógico, incentivando os alunos a participar e perceber as atividades desenvolvidas e suas relações com as práticas sociais; avaliação do processo sempre na perspectiva diagnóstica; ênfase na revisão textual. A fundamentação teórica era fortemente marcada pelas ideias de Paulo Freire, com destaque para o conceito de "conscientização".

O trabalho diário era organizado prevendo várias atividades, mas havia duas básicas: a leitura e o trabalho com os diferentes gêneros e portadores textuais (destacam-se jornais, revistas, receitas, bilhetes, cartas, cheques, guias de banco, fichas de emprego, formulários, rótulos, propagandas, regras de jogo, livros, poemas, dicionários, palavras cruzadas, documentos, crônicas, provérbios, textos informativos e cartões de Natal). Em cada gênero ou portador, discutia-se: para que serve? Quando, onde e por que é utilizado? Como está organizado? Que informações contém? Que tipo de linguagem é utilizada? E, obviamente, os alunos liam e produziam os referidos textos sempre que possível.

Como se vê, o trabalho com alunos de EJA exige planejamento e um profissional especificamente qualificado para tal. A alfabetização de adultos é um dos atuais desafios da política de combate ao analfabetismo em nosso país, exigindo políticas públicas específicas para a área, sem o que dificilmente será reduzido o número de analfabetos nessa faixa.

**Valéria:** Dados divulgados recentemente pelo Instituto Brasileiro de Geografia e Estatística (IBGE), referentes ao ano de 2008, apontam que o Brasil tem 14,2 milhões de analfabetos com 15 anos ou mais. Destes, mais da metade (7,5 milhões) encontra-se na região Nordeste do país, onde a taxa de analfabetismo alcança 19,4%, ou seja, quase um em cinco habitantes da região não sabe ler nem escrever. A taxa da região Norte, com 10,7%, é a segunda maior do país. Com esses números convido-os a refletir sobre um tema atual e bastante polêmico no nosso país: a educação a distância. Considerando que o analfabetismo no Brasil é marcado por diferenças regionais, gostaria que vocês comentassem o "lugar" da educação a distância ou novas modalidades de formação (semipresencial ou não presencial) de professores alfabetizadores.

**Silvia:** Em 1895, na primeira exibição pública de cinema, os irmãos Louis e Auguste Lumière, considerados pais da sétima arte, sustentaram a posição de que o cinematógrafo, como instrumento de filmagem e de produção do cinema, não teria o menor futuro como espetáculo. Seria, portanto, uma novidade de vida breve (Silva, 2007; Araújo, 1995). O episódio ilustra a cautela e até o preconceito com que muitas tecnologias foram recebidas pela humanidade ao longo dos tempos. No entanto, a despeito das restrições feitas, a história nos mostrou que sempre soubemos incorporar as parafernálias tecnológicas e que o bom uso de máquinas e recursos garantiu a sua sobrevivência. Mais que isso, a incorporação progressiva dos inventos tecnológicos transformou a vida humana, reconfigurando tempos e espaços, assim como oportunidades de intercâmbio, conhecimento e educação.

A história tem mostrado também que o advento de uma alternativa de comunicação não necessariamente torna obsoletos outros instrumentos utilizados para fins análogos. Da mesma forma, o telefone não destruiu os contatos feitos por correio ou telégrafo; o computador e a *web* não significaram a extinção dos livros nem a morte das bibliotecas. Muito pelo contrário: valendo-se das especificidades de cada recurso, o homem soube aproveitá-las na construção da sociedade da informação, ampliando as possibilidades comunicativas.

No Brasil, o ensino a distância, originalmente feito pelos sistemas apostilados enviados pelo correio, foi recebido com muitas restrições, sendo frequentemente associado a programas aligeirados e sem profundidade, com o objetivo de garantir uma formação mínima para quem não pudesse chegar à escola ou à universidade. Daí sua suposta vocação para cursos técnicos de segunda linha, com certeza não destinados à elite intelectual do país. Quem não se lembra das propagandas de institutos que, sustentados por um esquema estritamente comercial, anunciavam seus inúmeros cursos por correspondência em revistas, folhetos e *outdoors*, atraindo como público-alvo as camadas menos privilegiadas, justamente aquelas que, sem outras opções, sonhavam com a rápida profissionalização e com a ascensão social?

Em tempos recentes, as novas tecnologias trouxeram recursos que revolucionaram as configurações do que hoje chamamos de "a distância". São recursos que, mais uma vez, vieram para ficar, propondo tendências de ensino que definitivamente não combinam com posturas saudosistas nem com projetos conservadores incapazes de lidar com o "novo".

Longe de postular uma adesão incondicional ao avanço tecnológico, como se ele fosse um bem em si, meu propósito é situar o papel da educação a distância na formação de professores que, livre de preconceitos e do entusiasmo ingênuo pela novidade, se explica com base no posicionamento responsável daqueles que se propõem a enfrentar este empreendimento.

Assim, em se tratando de educação a distância na formação continuada de professores, o desafio que se coloca hoje é superar o prejulgamento, as modalidades estritamente comerciais e antidemocráticas, as propostas reducionistas e aligeiradas e os projetos que, centrados no modelo escolar ou no paradigma racionalista (que entende a formação continuada apenas como transmissão de conceitos e teorias), mostram-se incapazes de se ajustar à natureza do "a distância" ou à necessidade dos professores.

Em defesa do ensino a distância, o ministro da Educação Fernando Haddad (*O Estado de S. Paulo*, 9/6/2009) lembra que, no Brasil, não existem cursos a distância *stricto sensu*, já que a legislação em vigor exige uma carga presencial mínima. Assim, uma vez garantida a interação essencial entre alunos e professores (no caso, alunos-professores e professores-formadores), é preciso reconhecer que a educação a distância pode ser uma alternativa relevante para atingir o enorme contingente de professores no Brasil, sobretudo aqueles que estão afastados dos centros urbanos. O que reforça esse argumento é o fato de que, treze anos após a aprovação da Lei de Diretrizes e Bases (LDB), que prevê a necessidade de graduação em Pedagogia para a docência nas séries iniciais do Ensino Fundamental, cerca de 40% têm apenas o Ensino Médio (com ou sem Magistério), ou até mesmo apenas o Ensino Fundamental. Essa realidade não difere muito no caso dos docentes de Creche e Educação Infantil, que também deveriam ser considerados diretamente responsáveis pelo processo de alfabetização.

Parece-me, pois, que os dados numéricos de 14,2 milhões de analfabetos concentrados nas regiões mais pobres do país e o contingente de mais de 1,8 milhão de professores de Creche a Ensino Médio, muitos dos quais sem a formação mínima, deixam evidente a necessidade da valorização do ensino e de uma política consistente para a formação continuada de professores. Poderíamos, nessas circunstâncias, prescindir das iniciativas de formação docente e, em especial, das iniciativas de ensino a distância?

Partindo do pressuposto de que a educação a distância seria uma modalidade de formação continuada complementar a outras iniciativas (como a formação inicial nos cursos universitários, a participação dos docentes em eventos científicos e o trabalho desenvolvido nas escolas, pelas equipes de docentes e técnicos, que embasasse a implementação do projeto pedagógico e a organização das condições de trabalho), importa valorizar o seu potencial como um todo e, especialmente, na formação de professores alfabetizadores. Para tanto, é preciso que se cuide da qualidade das propostas e da eficácia de sua implementação. Por um lado, isso depende da possibilidade de se construir uma nova linguagem compatível com a nossa realidade e com o contexto educacional. O trabalho de planejamento, desenvolvimento e implementação em educação a distância envolve profissionais em diferentes equipes – compostas de educadores, especialistas de conteúdo, desenhistas instrucionais, gerentes e outros componentes das equipes técnicas de produção e de materiais –, variando de acordo com os meios usados, com a logística e com a administração do projeto. Deste modo, a integração intra e interequipes deve garantir a troca de conhecimentos e a construção de uma linguagem comum entre as especialidades envolvidas, visando ao atendimento das metas do projeto formativo. Por outro lado, a qualidade das propostas de educação a distância depende de uma postura educativa capaz de superar a mera dimensão científica de transmissão de conhecimentos, tantas vezes tomados como o único foco da formação continuada, para incorporar também abordagens relacionadas com as condições de trabalho e com o posicionamento do professor:

> A compreensão ampla acerca da formação continuada de educadores permite-nos defender uma intervenção que articule a atualização teórica, o delineamento das diretrizes pedagógicas e o reposicionamento pessoal e profissional do professor e do coordenador pedagógico no contexto da escola. Para superar a lógica empirista, que toma os professores na perspectiva do que lhes falta, pretendendo incutir neles a suposta competência profissional, é preciso investir no processo de formação instituído como espaço dialógico de compreensão, escuta, conscientização e re-

criação de significados. Nele, a palavra do professor, trazendo a realidade paradoxal da escola, os significados, as angústias e os mecanismos de resistência plasmados na dinâmica institucional, é a mais significativa ferramenta para o enfrentamento dos desafios da prática pedagógica.
[...] Em outras palavras, não se trata de falar para os educadores sobre a educação, mas de falar com professores construindo a prática pedagógica. A novidade não está no conteúdo em si, mas na reflexão que se pode fazer a partir das interações, estudo coletivo e troca de experiências. (Colello e Silva, 2008, p. 43-4)

Mesmo "a distância", a proposta de formação continuada pode ser simultaneamente dialética e dialógica. Dialética porque capaz de articular teoria e prática, costurando a realidade pedagógica ao processo reflexivo. Dialógica porque, de maneira efetiva, pode representar uma alternativa para a negociação de ideias, o repensar das relações de trabalho, o compartilhamento de posturas, apreensões e sentimentos e, finalmente, para a troca de experiências. Afinal, é para isso que servem os recursos tecnológicos no enfrentamento dos desafios educacionais.

**Sérgio:** Considero de grande relevância o tema do "lugar" da educação a distância (EaD) no processo de formação de professores.
É interessante notar, inicialmente, que a EaD, em nosso meio, tem sido cada vez mais discutida, em especial na grande imprensa. Não creio que isso seja um fato aleatório ou casual: parece haver uma ampla "orquestração" para preparar a opinião pública para acolher de maneira favorável a proposta da EaD como modalidade

de ensino, uma vez que a maioria dos artigos na mídia tem uma visão favorável, raramente apresentando críticas ou restrições a esta modalidade.

Essa minha leitura torna-se fortalecida quando se observam as novas propostas apresentadas pelas instâncias oficiais no campo da formação de professores. Na esfera federal, temos recentemente a criação da Universidade Aberta do Brasil (UAB), que atua com a Coordenação de Aperfeiçoamento de Pessoal de Nível Superior (Capes) e tem desenvolvido uma política de formação e aperfeiçoamento docente centrada na modalidade de educação a distância. A UAB tem financiado projetos de formação inicial de professores em parceria com inúmeras universidades brasileiras e parece dispor de grande soma de recursos.

Temos, também, a recente criação da Universidade Virtual do Estado de São Paulo (Univesp), vinculada à Secretaria de Ensino Superior do Estado de São Paulo (SES). Deve-se destacar que essa secretaria é a mesma instância que, em 2007, criou uma série de decretos visando ampliar o controle sobre as universidades públicas paulistas (USP, Unicamp e Unesp). Isso gerou um dos maiores movimentos grevistas nas três universidades, que teve como desfecho o recuo do governo – que publicou um decreto anulando os decretos anteriores e afastou o então secretário da SES.

Essa mesma secretaria do governo paulista, por intermédio da Univesp, propõe uma série de projetos, entre eles o de formação inicial de professores, com um curso de Pedagogia na modalidade EaD. Tal proposta é derivada do curso "Pedagogia Cidadã", anteriormente oferecido pela Unesp, na modalidade semipresencial. A intenção da SES, conforme foi amplamente divulgado pela mídia, é formar cinco mil novos professores para atender à demanda do estado de São Paulo.

Como cidadão, educador, professor de curso de Pedagogia e diretor da Faculdade de Educação da Unicamp, confesso que acompanhei todos esses fatos com enorme espanto e perplexidade. Entendo que uma questão, relevante e acadêmica, é a utilização de técnicas ou atividades de EaD nos cursos presenciais de formação de professores; outra coisa muito diferente é promover a formação inicial de professores centrada basicamente na modalidade EaD. Considero essa segunda opção no mínimo prematura e até irresponsável, dado o limitado conhecimento hoje disponível sobre a EaD.

Temos desenvolvido, na Faculdade de Educação da Unicamp, uma rica discussão sobre o tema. Também estamos acumulando ampla experiência na área, pois temos projetos com as redes de ensino público e pesquisas desenvolvidas pelos grupos existentes. Destaco o Curso de Especialização em Gestão Educacional (Cege), criado em 2006 (quando foram certificados quase cinco mil gestores da rede estadual de São Paulo) e que, atualmente, está na terceira versão, sendo ministrado por meio de convênios com secretarias municipais da Região Administrativa de Campinas.

O curso é constituído por dez disciplinas, mais uma disciplina de Trabalho de Conclusão de Curso. A carga horária é de 390 horas, 180 delas dedicadas a atividades de EaD. O plano foi baseado em um modelo de concomitância. São módulos de duração aproximada de um mês, em que o aluno desenvolve a atividade principal presencial e, ao mesmo tempo, realiza atividades em EaD – por meio de leituras, estudos, vídeos e trabalhos – planejadas por módulo. As atividades a distância antecedem e precedem a atividade presencial, o que permite ao aluno e ao tutor acompanhar todas as atividades adequadamente. Como infraestrutura, utiliza-se como ambiente a Plataforma Teleduc, da Unicamp, sendo entregues aos alunos CDs e dois livros com textos sobre o conteúdo de todos os módulos. Deve-se destacar que esse curso é de especialização, na modalidade semipresencial, sendo que todos os educadores participantes são graduados.

Anteriormente, no período de 2002 a 2008, a Faculdade de Educação ministrou um curso de graduação de Pedagogia, para 1.600 professores da Região Metropolitana de Campinas, denominado Programa Especial de Formação de Professores em Exercício da Região Metropolitana de Campinas (Proesf) – totalmente na modalidade presencial. Houve um planejamento curricular específico para garantir essa etapa, considerada de formação inicial, para professores em exercício, com formação de magistério no segundo grau.[1]

A maioria dos educadores da Faculdade de Educação da Unicamp, entre os quais eu me incluo, não é contra as atividades de EaD quando elas são utilizadas para subsidiar as atividades presenciais, como o que ocorre no Cege. Porém, esses profissionais não aceitam uma política de formação inicial de professores – graduação em Pedagogia – centrada na modalidade de EaD. Como a maioria dos meus colegas, entendo que a formação inicial é básica e implica, além da apropriação de conhecimentos específicos, o desenvolvimento de valores – como consciência profissional, visão crítica, compromisso ético e político com o processo educacional – que dificilmente serão desenvolvidos em atividades de

---

1. Tive a oportunidade de participar da equipe de coordenação do Proesf com as professoras Ângela Fátima Soligo, Elisabete Monteiro de Aguiar Pereira e Maria Marcia Sigrist Malavasi.

EaD. Tais processos de constituição têm como base a atividade reflexiva, em um ambiente pedagogicamente preparado, que deve ser a sala de aula, com a presença da mediação competente do professor e a interlocução estimulante dos demais colegas e profissionais do ambiente universitário. A questão torna-se mais complexa quando se pensa na relação entre a teoria e a prática, desenvolvida por meio de uma política de estágios supervisionados; argumento semelhante se coloca quando se pensa na formação do professor como pesquisador. Temos de reconhecer que não há conhecimento acumulado sobre formas de garantir a formação inicial de um professor, com essas características, centrado na formação EaD. Particularmente, não creio na possibilidade de que um dia isso possa acontecer.

Chegamos, assim, ao que parece ser a essência do problema – as concepções de professor, subjacentes a essas propostas atualmente apresentadas pelas instâncias federal e estadual, concepções que não têm sido explicitadas. A questão a se discutir parece ser esta: vamos formar um professor como mero reprodutor dos projetos pedagógicos, previamente elaborados pelos especialistas, ou vamos formar um profissional com sólida base teórica e prática, que lhe permita participar da construção e do desenvolvimento de propostas pedagógicas, com o coletivo da escola, com base nas diretrizes curriculares gerais assumidas? Queremos formar um professor que tenha uma postura crítica em relação à realidade social, característica aqui entendida como fundamental para o trabalho pedagógico, ou queremos professores treinados apenas para ministrar os conteúdos explicitados nos manuais elaborados pelos órgãos centrais das secretarias estaduais de educação ou do Ministério? Penso que, para as atuais propostas encaminhadas pelos órgãos centrais, a EaD com certeza é uma alternativa adequada; mas para a formação de um professor, como sempre sonhamos e lutamos, certamente não. Não abro mão da defesa dessa concepção de professor crítico e comprometido com a escola democrática.

E penso que não estou sozinho. O Documento Referência[2] para a Conferência Nacional de Educação (Conae) 2010 apresenta uma posição clara e firme sobre o tema. No Eixo IV, "Formação e valorização dos profissionais de educação", o documento propõe o seguinte:

> Parece adequado pensar que toda a formação inicial deverá, preferencialmente, se dar de forma presencial, inclusive aquelas destinadas aos professores leigos que atuam nos anos finais do Ensino Fundamental e no Ensino Médio, quanto aos professores de Educação Infantil e anos iniciais do fundamental em exercício, possuidores de formação em nível médio. Assim, a formação inicial pode, de forma excepcional, ocorrer na modalidade EaD para os (as) profissionais da Educação em exercício onde não existam cursos presenciais, cuja oferta deve ser desenvolvida por rígida regulamentação, acompanhamento e avaliação. [...] a legislação vigente sobre EaD [...] parece que referenda, especialmente, a estimulação da EaD à formação continuada, sempre que necessário. (p. 65-6)

---

2. Brasil, MEC. "Conae 2010. Construindo o Sistema Nacional Articulado de Educação: o Plano de Educação, Diretrizes e Estratégia de Ação". Documento Referência, 2008.

Ou seja, o documento propõe que, para a formação inicial, seja garantida a modalidade presencial, podendo a EaD servir de base para a educação continuada de profissionais já graduados. Devo acrescentar que, nos congressos preparatórios do Conae de que participei, as propostas unânimes pediam a retirada da expressão "preferencialmente" do texto do Documento Referência, não possibilitando alternativa para que a formação inicial ocorra na modalidade EaD.

Resta, finalmente, uma última questão: por que os governos federal e estaduais estão defendendo políticas de formação inicial de professores na modalidade EaD? Por que a Univesp quer formar cinco mil novos docentes em EaD exatamente no estado de São Paulo, onde se concentra o maior número de instituições educacionais de formação docente? É óbvio que o espaço deste livro não permite o desenvolvimento desse tema, o que nos levaria, certamente, à análise de questões político-partidárias. Seria muita ingenuidade de minha parte analisar a política de formação de professores apenas na perspectiva acadêmico-educacional. Sempre vale lembrar que a educação em nosso país tem sido, historicamente, uma área muito sensível aos interesses e projetos dos grupos políticos que assumem o poder. A questão da EaD parece não ser exceção, infelizmente. Minha visão sobre o assunto é pessimista: se a política de formação em massa de professores, como se propõe por meio da EaD, vingar em nosso país, teremos uma piora substancial na qualidade da formação de professores, o que exigirá um enorme esforço saneador das futuras gerações de educadores – sem falar no estrago social causado para os alunos atendidos por esses profissionais.

**Valéria:** Por fim, retomarei as questões que envolvem a afetividade e a formação do leitor, trazidas por Sérgio em seu texto inicial. Concordo plenamente com o autor quando ele nos adverte sobre a influência que aquelas concepções que postularam um dualismo entre razão e emoção exerceram (e ainda hoje exercem) sobre a organização e funcionamento das instituições escolares. Do ponto de vista da prática educativa, que caminhos vocês apontariam para a superação de tal dualismo? Para além da dimensão motivacional, como o trabalho pedagógico pode contemplar essas duas dimensões, de forma indissociável? Enfim, como reorganizar os espaços, tempos e relações escolares a fim de contemplar igualmente as dimensões afetivas e cognitivas presentes nos processos de alfabetização e letramento?

**Silvia:** Tributária à herança cartesiana, a escola ocidental se constituiu pela dicotomia que privilegia o racional sobre o afetivo. Através dos tempos, isso não só justificou o sistemático apelo para que os estudantes, no dia a dia escolar, deixassem de lado seus sonhos, desejos e aspirações, como também o descompromisso dos educadores com relação a comportamentos afetivos dos alunos e até mesmo com a educação em valores. É como se sentimentos e cognição caminhassem por trajetórias independentes. Por isso, a afetividade na escola aparece, no máximo, como um aspecto a ser domesticado em prol do "bom comportamento", tendo em vista a preservação da ordem e da disciplina.

No que diz respeito à alfabetização, o apelo racionalista reforçou a dimensão puramente técnica do ler e escrever, isto é, a aprendizagem centrada no código e na assimilação das regras ortográficas e gramaticais. Com base na reducionista lógica do "saber é poder", muitos educadores acreditaram que conhecer o sistema da escrita poderia garantir todas as formas de produção e interpretação: a escrita e a leitura como consequência de processos de codificação, decodificação desarticulados dos propósitos comunicativos, do interesse pelos temas em questão e das relações interlocutivas inerentes a quem lê ou escreve.

Quando a norma culta e a gramática normativa passam a ser pré-requisitos da escrita ("é preciso falar direito para aprender a escrever") ou meta da alfabetização ("escrever corretamente é respeitar as regras da norma-padrão"), o ensino se consagra pela reprodução de um dos mais severos mecanismos de discriminação social, porque incide não apenas sobre o indivíduo em particular, mas rechaça toda a comunidade de falantes e o contexto de valores e sentimentos que deu origem a seus modos de expressão. O resultado não poderia ser outro senão a exclusão, a marginalidade, a segregação social, o fracasso escolar, o analfabetismo, o subemprego, a submissão, a vergonha e, acima de tudo, o progressivo processo de silenciamento: uma contradição da sociedade supostamente democrática.

A superação do dualismo entre a cognição e a afetividade – defendida por grandes nomes da psicologia já em meados do século passado (entre eles Wallon, Piaget e Vygotsky) – é ainda hoje um princípio extremamente atual proposto por pesquisadores de diferentes orientações teóricas (Arantes, 2002, 2003; Bettelheim e Zelan, 1992; Damásio, 1996; Goleman, 1995; Kupfer, 2003; La Taille, 2002; Macedo, 2005; Moreno, 1999; Oliveira e Rego, 2003) e endossado pelo sistema público de ensino no Brasil (Brasil, 1997), configurando-se como um efetivo desafio a ser enfrentado pelos professores.

Na prática pedagógica, o que está em pauta é tanto a revisão do projeto pedagógico como do próprio fazer em sala de aula. Isso porque, para além da sempre desejável motivação para aprender, a afetividade merece ser incorporada aos âmbitos linguísticos, temáticos, didáticos e sociais do ensino da língua escrita. Desta forma, a reorganização de princípios, tempos, espaços e intervenções no processo de alfabetização e letramento passa necessariamente pela (re)construção significativa das seguintes relações:

- Relação do fazer escolar com o que se diz ou faz: articulação das práticas pedagógicas, em especial as atividades do alfabetizar letrando, com temas ou objetos significativos aos alunos.
- Relação do fazer escolar com o por que se diz ou faz: articulação das práticas pedagógicas, em especial as atividades do alfabetizar letrando, com objetivos claramente definidos e aceitos.
- Relação do fazer escolar com o para que se diz ou faz: articulação das práticas pedagógicas, em especial as atividades do alfabetizar letrando, com propósitos compreensíveis e legítimos aos olhos dos alunos.
- Relação do fazer escolar com o para quem se diz ou faz: articulação das práticas pedagógicas, em especial das atividades do alfabetizar letrando, ao estabelecimento de efetivas situações interlocutivas.
- Relação do fazer escolar com o como se diz ou faz: articulação das práticas pedagógicas, em especial das atividades do alfabetizar letrando, ao modo de ser dos alunos, respeitando as diversidades, as possibilidades linguísticas e pessoais de manifestação.

- Relação do fazer escolar com quem se diz ou faz: articulação das práticas pedagógicas, em especial das atividades do alfabetizar letrando, no conjunto das relações sociais que, dentro ou fora da escola, favoreçam o acesso às informações, a possibilidade de mediação e as oportunidades de interlocução.

Em síntese, a superação da dicotomia entre a cognição e a afetividade está na promoção de um ensino significativo e desafiador, capaz de acolher e de construir significados que possam valorizar não só a língua como os sujeitos envolvidos nas práticas interlocutivas. Para tanto, cumpre investir na sutura entre o saber, o fazer escolar e o fazer social, na sutura entre o processo e o produto do ler e escrever e, finalmente, entre a escrita e as múltiplas linguagens em contextos de efetiva comunicação. Nessa perspectiva, a afetividade não será nem pré-requisito (querer aprender) nem consequência do processo de alfabetização (gostar de ler ou de escrever), mas o principal eixo na tessitura do conhecimento e nas práticas de leitura e escrita.

Assim, tão importante quanto aprender a ler e escrever é o envolvimento do aprendiz no universo letrado, atribuindo à língua inúmeros significados, superando o que é conhecido para chegar à esfera do que pode ser inventado. Se a escrita é "a arte de aprisionar a mão para libertar a ideia" (Ajuriaguerra, 1988, p. 17), importa que ela seja ensinada e aprendida como efetiva *praxis* linguística. Caso contrário, fica reduzida ao exercício mecânico e dolorido das mãos. No processo de alfabetização, o que está em pauta não é só o conhecimento da língua escrita, mas também a necessidade de o aluno se constituir como sujeito-autor, isto é, aquele que é capaz de se aventurar nas possibilidades sempre inéditas de manifestação, traduzindo sentimentos e posturas, interpretando o mundo, recriando a linguagem e a si mesmo. É nesse sentido que se pode afirmar que "[...] o ato de escrever dá sentido ao meu cotidiano. Na medida em que escrevo e me surpreendo com aquilo que eu não sabia que sabia eu me torno mais amigo meu" (Queirós, 2002, p.158).

Mais do que saber ler ou escrever, é preciso ousar na língua, pela língua e com a língua possibilidades que rompem os limites de tempo e espaço e favorecem alternativas de valoração do que é construído pelo ser humano.

**Sérgio:** A quarta pergunta apresentada pela professora Valéria me presenteia com a questão da afetividade, tema com o qual tenho me envolvido nos últimos dez anos, e possibilita aprofundar esta relação que me encanta: a dimensão afetiva nas práticas de ensino--aprendizagem desenvolvidas em sala de aula.

Esse é um tema sobre o qual é fundamental construir um modelo teórico adequado, que nos permita ultrapassar o olhar tradicional ou o senso comum sobre a relação razão *versus* emoção. Um modelo teórico que nos ajude a entender que o homem é um ser único; que o dualismo é uma leitura artificial da constituição humana, produzido pelo próprio homem em função de determinadas condições históricas, políticas e sociais; que, na realidade, o homem é um ser que pensa e sente simultaneamente, o que nos leva a entender que a emoção está sempre presente na relação humana com a cultura; que, portanto, razão e emoção são indissociáveis, o que aponta para uma concepção holística/monista sobre a constituição humana. Enfim, é um tema que exige estudo e o exercício da reflexão, uma vez que essas questões costumam esbarrar e colidir com velhas concepções ideológicas, de natureza liberal, muitas delas ainda fortemente presentes na própria constituição de nossa subjetividade.

No caso da educação, o problema está claramente colocado: herdamos uma concepção secular segundo a qual o trabalho educacional envolve a dimensão cognitiva e de ser dirigido para ela, sendo que a afetividade não deve participar desse processo (como se isso fosse possível), dado que o trabalho educacional seria domínio absoluto da razão. Tal posição, hoje, é totalmente insustentável diante do conhecimento recém-acumulado pela pesquisa acadêmica. Nossa tese, sempre é bom relembrar, propõe que as relações sujeito-objeto-agente mediador são, também, marcadas pela afetividade, ou seja, toda experiência sujeito-objeto produz repercussões internas, de natureza afetiva, as quais participam do processo de constituição da subjetividade do próprio sujeito.

E mais: que a qualidade da mediação desenvolvida determina, em parte, o tipo de relação que se estabelece entre sujeito e objeto; por aí podemos entender como se constituem as histórias de relação sujeito-objeto, que geralmente variam em um contínuo, que vai do amor ao ódio, frutos das histórias de mediação vivenciadas. Substituam-se os termos "sujeito-objeto-mediação" por "aluno-conteúdos escolares-atuação do professor" e poderemos analisar a afetividade através do olhar focado nas relações que ocorrem em sala de aula. Do ponto de vista teórico, as ideias de Wallon e Vygotsky têm sido fundamentais para criar uma base adequada para a interpretação dessas relações observadas.

A pesquisa que desenvolvemos no Grupo do Afeto tem sido extremamente reveladora. Iniciamos o trabalho focando as relações face a face que ocorrem em sala de aula, fundamentais na constituição das relações entre os alunos e os objetos de ensino. Mas logo percebemos que a dimensão afetiva extrapola esse limite: os trabalhos sobre o "professor inesquecível" logo apontaram que todas as decisões planejadas e desenvolvidas pelo professor também produzem impactos afetivos, mesmo quando não implicam relações face a face. Isso tem nos levado a ampliar nosso olhar para as chamadas práticas pedagógicas, no âmbito das relações de ensino-aprendizagem, tentando identificar suas repercussões nas relações que se estabelecem entre os alunos e os diversos conteúdos escolares.

O problema enfrentado é que, na sala de aula, encontra-se um universo de relações mediadoras de grande amplitude e diversidade. No entanto, temos tentado realizar alguns recortes, partindo de práticas pedagógicas tradicionalmente conhecidas, que nos têm levado a identificar decisões docentes que orientam o próprio trabalho da pesquisa. Cientes de que estamos longe de esgotar o tema, identificamos cinco conjuntos de decisões assumidas pelos professores que apresentam inevitáveis efeitos afetivos: escolha dos objetivos e conteúdos do processo de ensino; decisão sobre o início do ensino; organização da sequência dos conteúdos; escolha dos procedimentos e atividades de ensino; escolha dos procedimentos e atividades de avaliação.

O acúmulo de dados sobre essas questões tem me levado a supor que os impactos afetivos, positivos ou negativos, relacionam-se basicamente com a percepção que o aluno tem sobre o próprio desempenho nas atividades de sala de aula. Explico: o que parece provocar um impacto afetivo positivo em uma experiência em sala de aula é o fato de o aluno perceber que essa experiência lhe possibilitou apropriar-se, com sucesso, do objeto em questão. Em síntese, a percepção do sucesso, pelo aluno, é um dos principais determinantes dos sentimentos positivos vivenciados subjetivamente.

Assim, pode-se prever que uma história pessoal de experiências marcadamente positivas acaba possibilitando a constituição de uma autoestima também positiva no aspecto afetivo – a sensação do "ser capaz de". O processo, portanto, é socialmente construído sobre práticas vivenciadas, as quais geralmente são planejadas e desenvolvidas pelos professores em sala de aula – podendo, também, depender da participação de outros agentes mediadores presentes na situação escolar, como os demais alunos e os materiais pedagógicos utilizados.

A metodologia da pesquisa microgenética tem sido extremamente relevante para demonstrar a importância da concretude dos processos de mediação pedagógica na constituição das relações afetivas que se estabelecem entre o sujeito (aluno) e objeto (conteúdos). É pelo detalhamento dessas relações observadas e analisadas que se inferem as possíveis repercussões afetivas internas das experiências vivenciadas pelos alunos. Por exemplo: na análise das práticas pedagógicas desenvolvidas em sala de aula, é fundamental a identificação e o detalhamento das relações. Assim, as formas concretas pelas quais o professor dá as instruções, intervém para corrigir, fornece material, incentiva ou não o aluno, possibilita relação aluno-aluno, bem como a própria natureza da atividade desenvolvida, fornecem ao pesquisador um rico material empírico, por meio do qual realizam-se as inferências sobre os possíveis impactos afetivos envolvidos naquela determinada situação. Obviamente, dados dos relatos verbais e da própria observação do comportamento dos alunos também são fontes fundamentais nesse processo de análise.

Penso não ser mais possível planejar e desenvolver o trabalho de mediação pedagógica sem que se considere a dimensão afetiva presente nessas relações. A principal contribuição de todo esse conhecimento acumulado talvez seja que toda mediação pedagógica só tem sucesso real se produz uma repercussão positiva nas relações que se estabelecem entre o sujeito e objeto em questão. Se a perspectiva é de fato educacional, então não são mais possíveis práticas pedagógicas que levem o aluno a estudar basicamente para se esquivar das ameaças de punição, como ocorre nas escolas tradicionais, por meio, por exemplo, do sistema de avaliação. Um ensino que não garante uma relação afetiva positiva com o objeto não pode ser considerado bem-sucedido.

Em sua radicalidade, essa análise deve levar a uma profunda revisão da organização dos espaços, tempos e relações escolares, como sugere a pergunta da professora Valéria. Apenas para exemplificar: é inegável o fato de que crianças têm ritmos de aprendizagem diferenciados, principalmente no início do processo educacional; pensar no sucesso do aluno, como delineamos aqui, exige formas de organização do trabalho escolar que respeitem essas diferenças, utilizando um processo de mediação pedagógica adequada para todas as crianças. Quando isso não ocorre, as crianças com ritmo inicial mais lento acabam sendo marginalizadas do processo educacional, o que pode determinar uma história de fracasso cujo aspecto mais perverso é a constituição, pelos alunos, de uma autoestima marcadamente negativa: é o sentimento do "não ser capaz de".

Além disso, a pesquisa sobre a dimensão afetiva tem produzido estudos específicos sobre as práticas de mediação pedagógica que facilitam, ou não, a aprendizagem dos alunos. Ainda a título de exemplo, cito as práticas de avaliação: nossos dados demonstram que as práticas tradicionais de avaliação utilizadas nas escolas estão entre as que mais geram impacto afetivo negativo nos alunos, dado que as consequências do fracasso são atribuídas basicamente a eles. Além disso, a pesquisa tem revelado situações em que o processo de avaliação perdeu totalmente o objetivo, funcionando mais como um sistema correcional, controlador e punitivo. Os efeitos dessas histórias são observados na relação aversiva que se estabelece entre os alunos e os conteúdos escolares: em geral uma relação de ódio pelos objetos e, não raramente, pelo próprio professor.

Para finalizar, penso que o conhecimento acumulado sobre o papel da afetividade no processo de ensino-aprendizagem desenvolvido em sala de aula poderá contribuir, de forma muito significativa, para que a escola se aprimore como uma instituição promotora da inclusão – e consequentemente democrática –, acolhendo de maneira adequada todas as crianças que a procuram, fazendo um trabalho afetivo e efetivamente educacional, necessário para transformar os alunos em sujeitos e cidadãos.

## Referências bibliográficas

AJURIAGUERRA, J. et al. (orgs.). *A escrita infantil: evolução e dificuldades.* Porto Alegre: Artmed, 1988.

ARANTES, V. A. "A afetividade no cenário da educação" In: OLIVEIRA, M. K.; SOUZA, D.; REGO, T. (orgs.). *Psicologia, educação e as temáticas da vida contemporânea.* São Paulo: Moderna, 2002.

ARANTES, V. A. "Afetividade, cognição e moralidade na perspectiva dos modelos organizadores do pensamento". In: ARANTES, V. A. (org.). *Afetividade na escola: alternativas teóricas e práticas*. São Paulo: Summus, 2003, p. 109-28.

ARANTES, V. A. (org.). *Afetividade na escola: alternativas teóricas e práticas*. São Paulo: Summus, 2003.

ARAÚJO, I. *Cinema – O mundo em movimento*. São Paulo: Scipione, 1995.

BARELLA, L. M. de S. *Alfabetização de jovens e adultos na perspectiva do letramento*. Dissertação (Mestrado em Educação) – Faculdade de Educação da Universidade Estadual de Campinas, Campinas (SP), 2007.

BETTELHEIM, B.; ZELAN, K. *Psicanálise da alfabetização*. Porto Alegre: Artmed, 1992.

BRASIL. Parâmetros Curriculares Nacionais, v. 1 a 10. Secretaria de Educação Fundamental. Brasília: MEC/SEF, 1997.

COLELLO, S. M. G.; SILVA, M. S. "Alfabetização e formação de educadores". In: LAUAND, J. (org.). *Filosofia e Educação* – Estudos 12. São Paulo: Factash, 2008.

DAMÁSIO, A. R. *O erro de Descartes: emoção, razão e cérebro humano*. São Paulo: Companhia das Letras, 1996.

FERREIRO, E. *Passado e presente dos verbos ler e escrever*. São Paulo: Cortez, 2002.

FREIRE, P. *A importância do ato de ler em três artigos que se completam*. São Paulo: Cortez/Autores Associados, 1983.

GOLEMAN, D. *Inteligência emocional*. Rio de Janeiro: Objetiva, 1995.

KUPFER, M. C. "Afetividade e cognição: uma dicotomia em discussão". In: ARANTES, V. A. (org.). *Afetividade na escola: alternativas teóricas e práticas*. São Paulo: Summus, 2003, p. 32-52.

LA TAILLE, Y. "Cognição, afeto e moralidade". In: OLIVEIRA. M. K.; SOUZA, D.; REGO, T. (orgs.). *Psicologia, educação e as temáticas da vida contemporânea*. São Paulo: Moderna, 2002, p. 135-48.

MACEDO, L. *Ensaios pedagógicos – Como construir uma escola para todos?* Porto Alegre: Artmed, 2005.

MORENO, M. et al. (orgs.). *Falemos de sentimentos: a afetividade como um tema transversal na escola.* São Paulo: Moderna, 1999.

OLIVEIRA, M. K.; REGO, T. C. "Vygotsky e as complexas relações entre cognição e afeto". In: ARANTES, V. A. (org.). *Afetividade na escola: alternativas teóricas e práticas.* São Paulo: Summus, 2003, p. 13-34.

O ESTADO DE SÃO PAULO, Caderno Vida & Educação, São Paulo, 9 jun. 2009.

QUEIRÓS, B. C. "Literatura: leitura de mundo, criação de palavra". In: YUNES, E. *Pensar a leitura: complexidade.* Rio de Janeiro: PUC-Rio; São Paulo: Loyola, 2002, p. 158-63.

SILVA, R. P. *Cinema e educação.* São Paulo: Cortez, 2007.

VALINO, M. de L. *Quem não sabe ler nem escrever pede favor. Até quando?* Dissertação (Mestrado em Educação) – Faculdade de Educação da Universidade de São Paulo, São Paulo (SP), 2006.

## leia também

### EDUCAÇÃO DE SURDOS
*Regina Maria de Souza e Núria Silvestre*

Quarto volume da coleção Pontos e Contrapontos, esta obra discute as consequências da inclusão da língua brasileira de sinais nos cursos de formação de professores. O tema suscita discussões: como manter o equilíbrio entre a língua oral e a de sinais? Qual a posição do implante coclear nesse processo? Podem, a escola e a família, impor ao surdo uma dessas linguagens? Livro fundamental para a era da inclusão.

REF. 10400    ISBN 978-85-323-0400-1

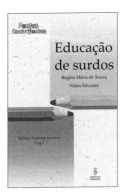

### EDUCAÇÃO E COMPETÊNCIAS
*Joan Rué e Maria Isabel de Almeida*

Como o termo "competência" foi introduzido na educação? O ensino por competências representa um avanço em relação aos modelos educativos existentes? Se sim, como implantá-lo? Como formar os profissionais da educação para esse modelo de ensino? Como deve ser o sistema de avaliação nessa perspectiva? Essas e muitas outras questões são respondidas ao longo desta obra, escrita por dois grandes especialistas em educação.

REF. 10650    ISBN 978-85-323-0650-0

## leia também

### EDUCAÇÃO E VALORES
*Ulisses F. Araújo e Josep Maria Puig*

Qual a origem da moralidade? Como se dão os processos de construção e/ou apropriação de valores? Como formar moralmente os alunos? Podem, escola e educadores, ensinar valores? Os autores desta obra debatem, entre outros assuntos, os processos psicológicos que levam à construção de valores, a influência da afetividade em tais processos, o papel da religião na educação moral e o conceito de inteligência moral.

REF. 10335　　　　　　　　ISBN 978-85-323-0335-6

### EDUCAÇÃO FORMAL E NÃO-FORMAL
*Elie Ghanem e Jaume Trilla*

Neste livro, os autores discorrem sobre os diferentes aspectos que contemplam essas duas perspectivas das práticas educativas, analisando seu aspecto histórico, social e político. Os pontos e contrapontos tecidos no diálogo estabelecido por Ghanem e Trilla sinalizam a importância da cooperação e da complementaridade entre a educação formal e a não formal, na busca de uma educação mais justa e mais democrática.

REF. 10501　　　　　　　　978-85-323-0501-5

## leia também

### PROFISSÃO DOCENTE
*Sonia Penin e Miquel Martínez*

Partindo da premissa de que o trabalho docente se dá nos emaranhados de um contexto social e institucional, Sonia Penin, diretora da Faculdade de Educação da USP, e Miquel Martínez, diretor do Instituto de Ciências da Educação da Universidade de Barcelona, trazem elementos e perspectivas que enriquecem a análise da referida temática.

REF. 10502         ISBN 978-85-323-0502-2

### AS SETE COMPETÊNCIAS BÁSICAS PARA EDUCAR EM VALORES
*Xus Martín García e Josep Maria Puig*

A obra traz um conjunto de competências pessoais e profissionais para educar em valores, oferecendo uma série de exercícios para treiná-las. Tais competências são: manter-se fiel a seus princípios; reconhecer o outro; facilitar o diálogo; mediar a participação; trabalhar em equipe; trabalhar pela escola; trabalhar em rede. Livro fundamental para professores da educação básica e alunos de pedagogia e de licenciatura.

REF. 10646         ISBN 978-85-323-0646-3

www.gruposummus.com.br

IMPRESSO NA
**sumago** gráfica editorial ltda
rua itauna, 789  vila maria
**02111-031**  são paulo  sp
tel e fax 11 **2955 5636**
**sumago**@sumago.com.br